考
ーケティング
思

業績を
伸ばし続ける
チームが
本当にやって
いること

株式会社グロースX
取締役COO
株式会社インサイトフォース
株式会社 取締役

山口義宏

SE
SHOEISHA

業績を伸ばし続けるチームが本当にやっていること

マーケティングに苦戦していませんか?

まじめに事業に取り組んでいるビジネスパーソンは、日々「業績を高めたい」と考え、その方法論を探しています。最近では、マーケティングを強化して業績を伸ばした企業事例の報道も目立ち、「マーケティングを強くすれば、事業成長するのでは?」と、マーケティングの強化を試行錯誤する企業と人が増えている印象があります。

しかし、ここには大きな壁があります。マーケティング強化を頑張りながらも、その方法論やツールを使いこなせず、業績向上につなげられない企業と人がたくさん存在するのです。

マーケティングが弱い企業が「マーケティングに投資をして業績を伸ばそう」と考え、書籍やセミナーなどの情報から学び、何らかの施策に投資実行した場合、期待が大きかった分、成果が出ないときの落胆も大きなものです。

「投資してもダメだ」と落ち込んで、残念ながらマーケティングに対して疑心暗鬼になってしまう。そんな企業と人が、世の中にあふれています。

一方で、世の中にはごくわずかな割合ではありますが、業績を伸

ばし続ける稀有な企業や、そのなかで事業の成長を牽引するチームがあります。

「実際に事業を成長させているチームは、本当のところ何を考え、どのようにやっているのだろうか?」

これが、本書の核心の問いです。本書を手に取られた皆さんも、同じような疑問を持ったことはないでしょうか?

地に足のついた成長を促す思考

本書は特定のアプローチの戦略論ではなく、特定の新しいマーケティング施策の解説でもありません。業種、戦略、施策のやり方はそれぞれ異なるものの、**業績を伸ばし続けた企業に共通するマーケティングへの取り組み、チームの人材の要件、業務の進め方といった、外部からは目に見えにくいけれど普遍性のあるOS**(オペレーティングシステム)部分の言語化を試みています。

このOSを「**マーケティング思考**」と名付けました。マーケティング思考を、社内で顧客接点にかかわるあらゆる部署の人に浸透させて「**共通言語**」とすることが、業績の持続的な向上に重要だというのが本書の提案です。

逆にいえば、マーケティングを学んでいるはずなのに、そのやり方に混乱をきたしていたり、成果が出ていなかったりするチームや個人は、マーケティングの知識量は豊富でも「マーケティング思考」が弱い疑いがあります。木における根っこと幹が「マーケティング思考」で、個別の施策はその幹のうえで育つ葉や実のようなもの。良い根っこと幹がなければ、良い枝と葉と実が育たない。そんな関係性です。

業績向上のためのボウリングの一番ピン

　本書の内容はマーケティングの実務担当者が理解することも大切ですが、それと同時に業績に責任を持つ経営者や事業責任者こそ理解していただきたい内容です。CFO（最高財務責任者）ではない、経営者や事業責任者で財務諸表をまったく読めない人はいないはずです。

　でも、マーケティングの話になった瞬間、勘所がわからない経営者や事業責任者はたくさんいます。細かい施策の実行ノウハウを知ることは不要ですが、本書の「マーケティング思考」を理解することで、業績向上におけるボウリングの一番ピンであり、金額の大きな投資決裁をするマーケティングの勘所を押さえることができます。

　そもそもどの事業にどの程度のリソースを投資すべきか？　と同様に、マーケティングの投資も多くのリソースを費やすものは、どの施策にどの程度投資すべきか？　という問いは経営レベルで理解し、議論すべき範疇です。それをブラックボックスにしたままに経営や事業の舵取りをするのは、ハンドルのない事業運営に等しいといえます。

マーケティング畑一筋23年

　ここで少し、本書の背景となる、筆者の経験を紹介させてください。

　筆者は、社会人になってからの大半、23年間にわたってマーケティングを通じた業績の向上を担ってきました。大まかに、次のようなキャリアを経て今に至っています。

- ソニー子会社での戦略コンサルティング事業部長
- リンクアンドモチベーションでのブランドコンサルティングのデリバリーの責任者（在籍過程では現在でいう東証グロース市場への上場と東証プライム市場への指定替えを経験）
- ブランド・マーケティング領域の戦略コンサルティングファームであるインサイトフォースの創業と経営
- チョコレート会社、住居サブスクリプション会社など、いくつかの事業会社での社外取締役や戦略アドバイザー

そして現在は、「業績につながる人材育成サービス」を事業領域として展開するグロースX社の取締役COOと、自ら創業したコンサルティング会社のインサイトフォースの取締役を担っています。

これまでコンサルティングを担ったクライアント企業を数えれば、100社を超える企業のマーケティングにかかわってきたことになります。売上が数兆円のグローバル企業から数億円のベンチャー企業まで、業種もBtoC、BtoBを問わずメーカーから小売、ネットサービスなど幅広く経験してきました。

秘密保持契約があるため具体名は申し上げられませんが、企業のIRで業績の上方修正リリースを出すほどの成果に貢献したケース、ファンドの投資先で数百億円の企業価値向上に貢献したケース、長い停滞期から過去最高益の達成にまで長い時間をかけてV字回復したケースなどがあります。もちろん、結果として成功した案件でも、筆者の貢献はそのなかのごく一部ですし、その陰では数え切れない失敗にも直面してきました。

成長する企業には共通点がある

　企業の人材育成側での経験としては、現在筆者が取締役COOを担うグロースXでは設立から2年3カ月で、360社と1万2000人を超えるマーケティング人材の育成を支援し、「事業の成長につながるマーケティング人材育成」の知見を蓄積しています。教育がゴールではなく、支援先企業の社員の方が業務のなかで実践し、業績の向上に寄与することをゴールにおいて、その支援プロセスを日々磨いています。

　個人への成長支援としては、ビジネスパーソンが参加する有償コミュニティ「マーケリアルサロン」（ダイヤモンド社主催）のファシリテーターを担い、3年半で累計500名以上の方の個人のスキル成長やキャリア開発に努めてきました。

　上記のような多種多様なかかわりを持たせていただいた企業のなかから、特に成長の持続性が高い企業に着目し、それらの企業の「外からはわかりにくく目に見えにくいけれど、事業成長の持続性に貢献していると感じられた要素を体系化」したのが本書です。

短期で一発逆転を狙ってうまくいかなかった人へ

　本書は、目に見えにくい＝「外部から客観的に判別しにくい要素」の定性的な整理となるため、統計や科学に基づいた再現性の検証を経たものではありません。筆者と仕事でかかわりを持つ、あるいは依頼いただく時点で、企業の性質にも何らかの偏りがあるのは否めません。

　ただ、それらの懸念はありつつも、インサイトフォースでのコン

サルティング、グロースXでのマーケティング人材育成支援による業績向上、マーケリアルサロンでのビジネスパーソン個人の成果やキャリア開発において、一定の成果を上げてきたものではあります。多くの企業がマーケティングで失敗し、苦手意識やトラウマを持っているのは事実なので、本書が少しでも状況を改善するヒントになればと思って書いています。

　短期で一発逆転できる（ように見える）マーケティング施策やツール、といった魔法の杖を求めている人には、本書はフィットしていません。ですが**「短期で、一発で成果が出る」はずのマーケティングを模索して、眉唾ものと感じて疑念を持ってしまった人、高額なツールやソリューションを導入したけど成果が出ないと困っている企業や人**には、役立つ内容の本になるはずです。

本書の構成

　まず第1章では、なぜ「マーケティング」は難しいのかという疑問に向き合い、第2章では、成果を出す「マーケティング思考」の正体を解説します。第3章では、マーケティング思考を構成する3つの共通言語を詳しく見ていきます。第4章では、事業フェーズ別のマーケティング思考とよくある落とし穴を紹介します。具体的には、立ち上げ期、成長の前期、成長の後期、成熟期・再生期の4つのフェーズについて詳解します。

　第5章では、マーケティング人材の採用・育成の具体的な方法として、360社の支援で見えたマーケティングチームの課題と人材育成の成功法則をひも解きます。定性的な分析ではありますが、継続的に成果を上げられる「ダイヤモンド型組織」と、陥りやすい3つの問題症状のパターンを解説します。

ＢtoＣとＢtoＢのどちらにも適用できるマーケティング思考

　本書は多くの人への伝わりやすさを重視し、ＢtoＣ業態を想定して描写しており、メーカーやネットサービス寄りの用語・話題が比較的多くあります。小売業態の方は、商品・サービスを店舗体験そのものと読み替えていただくとイメージしやすいかと思います。また、ＢtoＢビジネスであっても原理原則は同じなので、十分適用していただける内容です。

　同様に、事業会社を例にした書き方が多いのですが、外部からマーケティングを支援する支援会社側の方にもヒントになる情報を盛り込んでいます。

　筆者自身の支援側としての長い経験を踏まえて、マーケティング支援会社の方には「クライアント企業の業績に貢献できる可能性を高める方法論」と「自社が提案するソリューションを、このタイミングで実施すべき理由」のヒントを得ていただけると思います。

　本書が読者の皆さんの「マーケティング思考」の体得と、その組織への浸透につながり、最終的に実際に業績を高める一助となれば、これほど嬉しいことはありません。

　　　株式会社グロースＸ 取締役ＣＯＯ／インサイトフォース株式会社 取締役
　　　　　　　　　　　　　　　　　　　　　　　　　　　　山口義宏

Contents | 目次

第 1 章

なぜ「マーケティング」は難しいのか

…… 15

第 2 章

成果を出すOS＝
「マーケティング思考」

..... 41

第 **3** 章

マーケティング思考を
構成する3つの共通言語

…… 89

第 4 章

事業フェーズ別の
考え方・判断基準

…… 113

第 **5** 章

「マーケティング思考人材」
育成の成功法則

…… 185

読者特典は 218 ページの QR コードもしくは 222 ページの URL
からアクセスして入手してください。

第 **1** 章

なぜ
「マーケティング」
は難しいのか

「マーケティング」が
難しくてわかりにくい理由

そもそもマーケティングとは

「マーケティングとは何か？　本を読んでも、講義を聴いてもよく
わからない」
「マーケティングを強化するのに、何から取り組み始めていいかわ
からない」

　長くマーケティングの仕事をするなかで、こうした声は永遠に聞
かれるのではないかと思うほど数多く聞いてきました。
　なぜ「マーケティング」は難しいのか。それは言葉のわかりにく
さと、マーケティングを担う人材の採用・育成の困難さという、大
きく2つの要素に分解できると考えています。本章では、それらを
ひも解いていきます。

　まず、マーケティングという言葉から考えていきます。

　公益社団法人 日本マーケティング協会では、マーケティングは
下記のように定義されています。

「マーケティングとは、企業および他の組織がグローバルな視野に
立ち、顧客との相互理解を得ながら、公正な競争を通じて行う市場
創造のための総合的活動である。」
（出典：https://www.jma2-jp.org/jma/aboutjma/jmaorganization）

こちらはマーケティングを包括的に表しており、ホームページには詳しい補足解説もされています。ただ、「マーケティングを強化したい」と考え始めた初心者の企業や人が理解し、実行に落とすには、やや抽象度が高すぎる感はあります。

筆者が所属する企業のグロースXは日本マーケティング協会に加入しており、先の定義を理解し、支持しています。しかし、初心者の理解や実務活動を助けるものと考えた場合は、よりわかりやすい翻訳や、実行の支援につながる補助線が必要なのも事実です。

いろいろな意味で使われている「マーケティング」

マーケティングを理解しようと学び始めた人のなかには、熱心に**多くの書籍やセミナーを体験し、それぞれが主張する「マーケティング」をたくさん目にした人も多いと思います。そして、それぞれの定義が微妙に異なったり、あまりに抽象度の高い話に触れたりすることで、混乱が起きている**シーンが散見されます。

なぜ、「マーケティング」の理解はこれほど難しいのでしょうか?

それは、以下の3つが一致していないことが原因だと考えています。

① さまざまな関連書籍に記されている本来の言語の意味としての「マーケティング」
② それぞれの企業が「マーケティング」と呼んでいる範囲
③ 実際のマーケティング業務として考慮し連携すべき業務範囲

これらが大きくずれていることに、つまずきの入り口があります。たとえば次のように、切り口やレイヤーがばらばらの用法がそこ

かしこに見られます。

- 大手メーカーの販売子会社の社名が「株式会社○○マーケティング」
- スタートアップで新規顧客獲得の広告を担う部門の名前が「マーケティング部」
- 事業会社で顧客調査を担う部門の名称が「マーケティング部」
- 事業会社のマーケティングを支援するマーケティング支援会社が訴求する新しい考えや手法の名前が「□□マーケティング」

　マーケティングの仕事が長い人ほど、このような状況にも慣れてしまっています。その全体像ではなく小さな一部分を切り取った機能・業務・施策を「マーケティング」と呼ぶ習慣が定着しています。

言葉が矮小化され、各所で多用されている

マーケティングという言葉が混乱する要因

　もう少し、マーケティングのわかりづらさの正体をひも解いていきたいと思います。事業部が担う商品・サービスの企画設計は、マーケティングの根幹のひとつですが、矮小化された「マーケティング」がさまざまな使われ方をすることで、多くの人の理解をミスリードしています。

　また、外部から事業会社のマーケティングを支援する企業も、その多くは広告宣伝・PRなどコミュニケーション施策の支援の部分を切り取ったツールや施策のソリューションを「〇〇マーケティング」とカテゴライズし、自社サービスの訴求でキーワードとして多く使います。これも、意図的にではないにせよ、言葉や定義の難しさを増している要因です。

　このように、マーケティングが意味するものがすべて異なるまま使われ続けているのが現状です。企業内の実務としてマーケティングがかかわる機能・業務を、あえて2つに分けるとすると、図1における**前半の市場・顧客の理解から商品企画は「価値をつくる業務」**で、後半の**広告宣伝・PRから販売までは「価値を伝えて売上に換金する業務」**となり、成果を出すための車の両輪といえます。

　この図は商品・サービスの販売までを解説しているため含まれま

図1 マーケティングが混乱する要因は範囲を矮小化した機能と部門名の氾濫

実務としてのマーケティング範囲	マーケティングの実務・連携範囲 （全体最適で成果を出すために、セールス部分まで連携することが必要）					
言語概念の定義としての範囲	マーケティング				セールス	
企業の機能・業務	市場・顧客の理解	研究開発	商品企画 （or仕入れ）	広告宣伝・PR	販売チャネルへの営業	販売チャネルでの接客販売

*小売企業であれば商品仕入れに該当

誤解・混乱を誘発する名称

組織名
- マーケティング部（調査部門）
- マーケティング部（新規獲得＆CRM）
- ○○マーケティング（販売子会社）

施策・ツール名
- デジタルマーケティング
- Webマーケティング
- SNSマーケティング
- ファンマーケティング
- マーケティングオートメーション
- etc.

せんが、**現代のマーケティングにおいては、商品・サービス販売後に、それを顧客が上手に使って満足を得る、成果を得ることを支援する「カスタマーサクセス」という概念・機能があり、非常に重要で**す。

　インターネットによって購入者による口コミが増え、それが新規購入の検討にも大きな影響を与えるため、購入者が本当に満足する商品・サービスと顧客体験を追求しなければ、現代の市場において競争力は維持できません。

┃「○○マーケティング」の出現理由

　図1の中間から下半分の記述にご注目ください。「誤解・混乱を誘発する名称」のほとんどが、「広告宣伝・PR」と「販売チャネルへの営業」「販売チャネルでの接客販売」にあたる図の右側に位置しています。

　狭い意味で切り取ったマーケティングという言葉が、後者の「価値を伝えて売上に換金する業務」でたくさん目にする印象があるのは、事業会社を外部からマーケティング業務で支援する支援会社の大半が、事業会社に対して広告や販促などコミュニケーションをサポートするサービスを売っているからです。

　もちろん支援会社の側に悪気はなく、ビジネス上の判断やわかりやすさを意図して「○○マーケティング」と名付けることが大半です。

　「SNSマーケティング」であれば、「SNSを用いたマーケティング・コミュニケーション」という意味で使われているようなイメージです。SNSのような施策で活用するメディアを示すものもあれば、独自の考え方を示す言葉をマーケティングにつける場合もあります。

大小さまざまな支援会社は、超大手の総合広告代理店にはない独自性を打ち出すことが自社の競争優位につながるため、このような市場競争の環境に適応した自社のマーケティングをしているといえます。

顧客体験にかかわる取り組み業務すべてが マーケティング

　筆者のように業界が長く中堅以上になってくると、相手の立場や話の流れの文脈によって「これは全体のマーケ話」とか「これは狭い部門・機能・施策のマーケ話」などと、脳内で無意識に自動解釈し、混乱を回避できます。

　しかし、初心者の方にはこの判別は極めて難しいと思います。「マーケティング」という言葉の使われ方は、一語一意とはほど遠いのです。

　これは市場競争圧力によって発生している事象で現実的に避けようがなく、筆者も非難する意図はありません。そもそも筆者が本書で提示するマーケティングの定義や解釈も、数ある主張のひとつにすぎず、何か客観的で厳密な正しさがあるわけではありません。情報の受け手側が、うまく頭で咀嚼しながら理解していくことが、現実的な解決策です。

　こうした状況を踏まえて、本書で「マーケティング」が指し示す活動範囲をいったん定義しておきます。本書では便宜的に、「マーケティング」という言葉をそのまま使う場合は、「顧客体験にかかわる取り組み業務すべてを指す、広義の意味でのマーケティング」として書いていきます。

また、マーケティングを担う人材のことを「マーケター」と呼びますが、一部の企業組織内の習慣では、「マーケティングのコミュニケーション施策を通じて顧客獲得をする役割」に限定した呼称になっていることが見受けられます。

そのため、本書ではマーケティングに強い人材という意味を込めて「マーケティング人材」という言葉を使い、経営層から商品・サービス企画も含め、顧客獲得やコミュニケーションに限らない意味で使っていきます。

▎マーケティング部をあえてつくらない企業

特定の狭い役割の部門に「マーケティング部」とつけることや、特定の役割を担う人に「マーケター」という呼称を社内で与えてしまうことは、組織自らが「マーケティング」という概念と活動を狭く理解するミスリードをつくり出しているといえます。

もちろん便宜上、あるいは企業の成長過程でそのような呼称が必要なこともあると思います。ですが、マーケティングにかかわるのは、マーケティング部だけではなく、マーケターという職種名の人だけが担うわけでもありません。それを理解していることが重要です。

市場競争環境の視点でいえば、多くの市場でデジタルを用いた広告手法が浸透した結果、顧客獲得のコストは上昇を続けています。つまり、顧客獲得して一回買ってもらっただけでは収益として赤字という業界が増えています。

そうなると「いかに顧客を獲得するか」ではなく「いかに顧客に使い続けていただき、LTV（顧客生涯価値）を伸ばして黒字化するか」という部分に競争の力点は拡張しています。

コミュニケーション施策部分のみで事業成長させることは以前よ

り飛躍的に難しくなっており、商品・サービスそのものの絶え間ない改良や、売ったあとのカスタマーサクセス支援など、より包括的なマーケティングに取り組む重要性は上がり続けています。

　昨今、経営のキーワードでブームになっているDX（デジタルトランスフォーメーション）も、顧客視点からの体験価値を高め、市場競争力を高めるために活用しようとすると、マーケティングの知識を持ち、マーケティング視点とDXを統合させなければ単なるコスト削減で終わってしまいます。DXで市場競争力を高めるためには、マーケティング知識は不可欠です。

　化粧品会社、ポーラオルビスグループでオルビスの社長を担う小林琢磨さんは「僕は、マーケティング部という部署が存在している会社はもうダメだと思っていますから。会社は、顧客がいないとビジネスにはならないわけです。特に、僕らみたいな、消費者が対象である事業であれば、会社そのものがマーケティングをやらなければいけない。マーケティングはマーケティング部門がやるのではなく、経営そのものだと思っていますから。マーケティング部があることはものすごく違和感があります。」とメディアの対談で語られていました（出典：https://forbesjapan.com/articles/detail/52147/1/1/1）。

　部門の名称は表層の話ではありますが、このように「マーケティング」という概念は、それを狭い範囲の部門や業務としてしまわないように繊細に取り扱う意識が大切です。

ますます困難になるマーケティング人材の採用・維持

マーケティング人材の採用が難しい3つの理由

商品・サービスのコモディティ化、DX強化の流れで顧客体験を高めたい、原価上昇を価格に転嫁して値上げできるように商材の価値を高めたい……。

前述のように、昨今では企業がマーケティングを強化したい意向がかつてないほど高まっていますが、その状況に追い打ちをかけるように、マーケティングに強い人材（職種名としてはマーケターとは限りません）の採用が難しくなっている状況があります。これには3つの大きな要因が考えられます（図2）。

労働人口の減少と希少人材の奪い合い

1つ目は、そもそもマーケティング人材の手前の話で、労働人口が減っていることです。特に若年層は減少幅が大きく、たとえば新成人の人口を比較すると、2001年の157万人から2021年には125万人になっています（総務省統計局資料より）。

ひと昔前と比べて、完全に売り手市場になっているのです。企業側が選り好みをしているわけでなくても、一定の基準や条件を満たす人材を獲得する難しさがどんどん上がっています。

2つ目には、腕の良いマーケティング人材は兼職や副業の実施が

図2 マーケティング人材の採用を難しくする
3つの要因

理由1	**労働人口の減少** 国内の新成人の人口は、2001年の157万人から 2021年には125万人に減少
理由2	**兼業・副業の解禁トレンドに伴い、 希少性のある腕の良い マーケティング人材の流動化と奪い合い**
理由3	**マーケティング人材の 短期育成スクール出身者である 初心者の増加**

増加し、1社で専属的に働く正社員の採用が難しくなっていること
があります。労働市場全体におけるフリーランス事業者の増加や、
コロナ禍によるリモートワークの一般化、働き方改革の一貫で副業
を解禁する会社が増えたことなどの影響で、副業でのマーケティン
グ人材が急増しています。

　これを個人の側から見ると、副業をして外部の企業から高い報酬
を得られるのなら独立しよう、と踏み切る人が増えているのです。

副業を腕試しに、完全な個人事業主や支援会社を起業するようなパターンです。腕の良い人ほど1社に拘束されなくなっています。

優秀な人を、100%といわずともそれに近いコミットメントで採用したいなら、相当高い年収を提示するか、スタートアップならストックオプションなどの経済的条件を付与することが必要な場合が目立っています。このように、優れたマーケティング人材は引き合いが増え、流動性が上がり、採用も維持も難しくなっています。

▍急増している「マーケター育成スクール」

上記のように採用の難易度は上がりながらも、マーケティング人材への需要自体は大きくなっている状況下で急増しているのが、ITエンジニア育成スクールのようなビジネスモデルによる「マーケター育成スクール」です。マーケティング未経験の初心者を数週間〜数カ月で育成し、そのあと人材紹介や派遣を通して働いてもらうのです。

この流れは、一定数のマーケティング人材の卵を企業に送り出す役目を担っているともいえますが、どうしても経験不足であることは否めません。当然、彼らの人件費は高くなく、採用のハードルもぐっと下がりますが、業務で成果を出す一人前になるまでの育成には苦労が伴います。

マーケティング人材として働くことが初めての方々なので、仕事の実際や個人の特性が見極められておらず、そもそもこの仕事にフィットしない人が交ざってしまうこともあります。

ハイレベルのマーケティング人材は流動化によって採用難易度が上がり、報酬水準が高騰している。かたや、採用が比較的しやすい初

心者マーケティング人材が急増している。前者にばかり焦点を当てると採用の確率が下がり、自社の人材需要が埋まらないため、後者もある程度は視野に入れる必要があります。おまけにマーケティング人材は流動化も進み、離職率も高まっています。

　となると、これまで以上に企業に求められるのはマーケティング人材の育成力です。社内でしっかりと育成できるようにならないと、まともなマーケティングチームが形成されない、もしくは維持できないという状況に差し掛かっています。

マーケティング人材育成の現場で起こる問題

マーケティング人材の育成を阻む3つの壁

　では、現場レベルで起きているマーケター育成の課題をひも解いてみます。定量的なアンケート調査によると、大きく次の3点が課題になっています。

① マーケティングの育成カリキュラムがない
② マーケティングの育成リソースがない
③ 社内で教えられる人がいない

　この3つはそれぞれ関連しています。マーケティングは範囲が広く変化が速い領域なので、そもそもカリキュラムに落とし込みづらい。人が教えるとなると、該当者がいないか、いても本業で忙しい人になってしまう。

　また、そうなるとマーケティングの人材育成はOJTに依存しますが、育成環境が配属先任せになるので、端的にいえば良い上司に当たればしっかり学べるという運任せなところが出てきてしまうのです（図3）。

　育成が人に依存していることは、大きなリスクであるともいえます。教えられる人が離職すると、途端に育成機能を失ってしまうからです。ここに前述の人材の流動が重なっているので、マーケティングの戦略レベルのスキルどころか、単純にGoogleアナリティクス

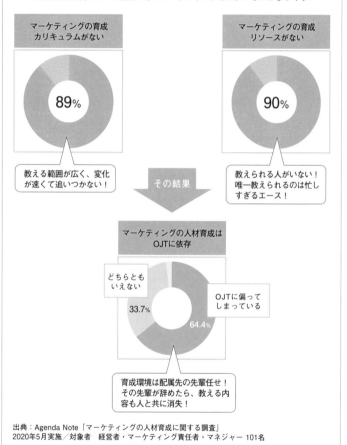

図3 現場レベルで起こる
マーケティング人材の育成問題

人材育成に投資している企業でも、マーケティングだけプアなのは珍しくない

マーケティングの育成
カリキュラムがない

89%

教える範囲が広く、変化
が速くて追いつかない！

マーケティングの育成
リソースがない

90%

教えられる人がいない！
唯一教えられるのは忙し
すぎるエース！

その結果

マーケティングの人材育成は
OJTに依存

どちらとも
いえない

33.7%

64.4%

OJTに偏って
しまっている

育成環境は配属先の先輩任せ！
その先輩が辞めたら、教える内
容も人と共に消失！

出典：Agenda Note「マーケティングの人材育成に関する調査」
2020年5月実施／対象者　経営者・マーケティング責任者・マネジャー 101名

などITツールの使い方を教えられる先輩がいなくなり、現場の業務が止まるという窮地に陥っている企業も少なくありません。

┃ マーケティング責任者の育成現場の声

　もう少し具体的に、マーケティング責任者にインタビューでヒアリング調査して聞こえてきた悩みを挙げると、大きく4つありました（図4）。まず、本を読まず、インプットをしないこと。課題図書を出すと、実際には読まずに、Amazonレビューをコピペしたものを少しアレンジした感想であふれてしまうことも珍しくないというのです。

　次に、e‐ラーニングが続かないこと。**コロナ禍の影響で対面での育成が難しくなり、e‐ラーニングを導入する企業が急増しましたが、なかなか稼働率が維持できていない**状況があります。自由なタイミングで、自由に勉強したい内容を選べる動画のような強制力の低い設計だと、導入1カ月目は一定の動画視聴があっても、2カ月目以降は急落して10％程度の社員しかアクセスしないという話を聞くこともあります。

　さらに、比較的よく学んでいる人が出てきても、業務での実践に結びつかないという声も複数耳にします。実践しなければ、当然ですが業績にはつながりません。学びが続かないだけでなく、やたらと学ぶ時間は割くのに実践してくれない部下に、上司が困っている状況もあるのです。

図4 よく耳にする育成担当の嘆き

企業は多くの育成方法を試みているが、
「インプットしない」、「続かない」、「学ぶだけで実践しない」に苦しめられている

本を…… 読まない！	e-ラーニングが…… 続かない！

課題図書を出したら Amazon書評コピペ蔓延	導入前から勉強していた 意識の高い1割の人しか続かず 社内の状況は変化なし
よく学んでも…… 実践せず学ぶだけ！	身についたか…… 見えない！

学ぶだけで実践せず1カ月後には 忘れており成果につながらない	スキルが見えず 安心して任せられない

マーケティングを強化したいけれどできない現実

ここまでを振り返ると、今、企業はマーケティング強化のニーズがありながら、以下のような状況に直面しています。

- 優秀なマーケティング人材は報酬水準が上がりながら需要が増加し、採用の難易度が高まっている

- 採用の難易度が低い初心者のマーケティング人材は、供給が増えているが、戦力化するための支援が必要

- その結果、社内での人材育成が重要になるが、体系化されておらずOJTに依存する

……俯瞰すると、かなり厳しい実態が見えてきます。これに対して、どのようなマーケティング人材を集め、どのような育成をしながら事業推進をするのかという現実的な打開策を提案するのが本書の趣旨でもあります。

現実的な、と申し上げたのには理由があります。たとえば自分がマーケティングの責任者で、マーケティング人材育成も担っている場合、育成に困ったらまず本やセミナーを調べるでしょう。

しかし現状では筆者が知る限り、人材育成の本とマーケティングの本は数あれど、「マーケティング力強化に特化した人材育成とチーム設計」を体系化した書籍は見当たりません。

No. 05 | まぶしく輝く
トップ企業のやり方が
自社にあてはまるのか

▎GAFAの成功談は自社の指南書にはならない

「マーケティング×人材育成」の書籍が見当たらない一方、GAFA（Google、Apple、Facebook（現Meta）、Amazon）のようなマーケティング力に定評のある企業の成功談や、そこから人材を含めた事業運営のノウハウをひも解いた書籍はありますが、そのまま自社に当てはめるのはやはり無理があります。そのノウハウの多くが、超・高額な報酬を支払い、超・優秀な人材を集めて成り立っている話が多くなってしまうからです。

報酬や人材レベルがその水準に達していない会社からすると、まぶしく輝く理想像ではあるけれど、そこに向けて自社の現状レベルを踏まえた現実的な強化策とは距離がありすぎる部分もあります。

もちろん理想像から役立つ要素も得られるでしょうが、実際に自分たちのビジネスや規模、リテラシーをもってマーケティングを強化したいときに、何から手をつければいいのかをそれらの本から読み取るのは難しいことが多いでしょう。

マーケティングを強化しなければという命題を前に、それに向けて実際にどのようなチームをつくり、どのような人を採用・育成していくのか。そうしたことがまとまっていないため、何のビジョンもないままに最新のマーケティングツールを導入したり、大きな広告投資をしたりしたものの、うまく活かしきれずに成果が出なかっ

たという話を各所で耳にしています。

　同時に、マーケティングのスペシャリストに立て直してもらおうと高額で依頼したものの、うまく既存のマーケティング機能や人材とかみ合わず、成果が上がる前にチームとして破綻するという残念な話も増えています。

他社事例からの学習や
スペシャリスト招聘がうまくいかない2つの理由

　華やかな成功を収めた企業の事例を学んだり、マーケティングのスペシャリストに来てもらったりしても、マーケティングチームが期待するほど機能しない……それは、なぜなのでしょうか。かみ砕くと、理由は2つあると思います。

　1つ目は、会社によって必要な知識や判断のリテラシーがかなり違うことです。**そもそも業種や事業フェーズが違い、さらにいえば強みも違うので、各企業で一律に有効な考え方や手法がない**のです。
　事業フェーズだけでいっても、売上規模のイメージとして0→1の立ち上げフェーズの会社と、1→10の成長フェーズの会社、さらに10→100の大規模化や複合事業展開を目指す会社を比べると、マーケティングに必要な知識はどんどん拡張し変容していきます。
　成熟した大人のための服を、成長期の中学生が着こなそうとしても無理な話ですが、そんなことがこの領域では戦略や手法、ツールなどさまざまな点で頻発しているのです。自社の業種特性や事業フェーズ、また組織特性にフィットする方法を探すのが大前提なのに、その発想が抜け落ちてしまいがちです。実績ある有名なマーケティング人材であっても、事業フェーズの経験や強みには偏りがあり、招聘してもミスマッチという場合もあるため注意が必要です。

2つ目は、メンバー間で知識レベルに差があるとうまくいかないことです。ツールとスペシャリストを入れても機能しないことがあるという話にもつながりますが、**マーケティングはチーム戦なので、ひとりだけ豊富な知識があってもほかの人の知識が乏しいと成果につながりません。**

　戦略ももちろん重要ですが、それを戦術に落とし込み、細かい施策に分解して実行しきって初めて成果を期待できるので、細かい業務とオペレーションの積み重ねだともいえます。

　マーケティングがチーム戦である以上、チーム全体のレベルが上がらないと、期待するような成果を得にくいという構造があります。サッカーに例えれば、エース級のミッドフィルダーひとりがキラーパスを出せても、決定力のないフォワードと防御力のないディフェンス陣では試合に勝つことはできません。

　そうした問題を解決できるように、あまりこれまで語られてこなかった「自社の事業フェーズに合ったマーケティングの考え、チーム、人材育成」を、次章以降で体系立てて解説していきます。

「最新」ではなく「最適」を選ぶ賢い判断

最新の方法論やツールに飛びつく前に

この章で最後に強調しておきたいのは、「最新」ではなく「最適」に目を向けて欲しいということです。皆さんもよくご存じだと思いますが、マーケティング領域はとかくバズワードが生まれがちで、最新のツールも次々と登場します。他社がそれらを導入したと聞けば、自社が後れを取ってしまう気にもなります。

ですが、前述のように戦略も戦術もあくまで自社にフィットしているかどうかが大事です。なので、最新に飛びつきたいところをぐっとこらえて、最適を模索していくことを意識していただきたいのです。もちろん最新で成果が出ることもたくさんあり、最新の追求が悪いわけではありません。

むしろ模索すべきテーマのひとつですが、何かの施策やツールを選ぶとき、最新だからと選ぶのではなく、最適なものがたまたま最新のものだった……という状態であるべきです。

これは支援会社の立場でいえば、自社のマーケティングソリューションを提案先企業にとって「最適」と呼べる価値に磨き込む、もしくは自社のソリューションにフィットした「最適」な顧客層にフォーカスしてビジネスを拡大していく重要性を意味しています。

何をしないかを見極める

　自社のチームが「最新かどうか」に踊らされず、しっかりと「最適」を軸に戦略と施策の判断・実行をできる目線を養うには、やはり断片的ではない知識が必要なのです。これをさらに分解すると、幅広く俯瞰した現場の手法論を知っていることも大事ですが、同時に、そもそも「何を今しないべきか」の選球眼を養うこともとても重要です。

　たいていのマーケティング手法は、やったほうがいいことばかりです。ですが、やれば成果が期待できそうなことを片っ端から試していけば、それこそテレビCMを筆頭に、無限のお金とリソースがかかります。

　「この最新の手法なら成功します」と、数多くの支援会社に事業会社が取り囲まれ訴求されるなかで重要なのは、やらないことを決める、優先順位のつけ方です。この判断力をつけるには、幅広い領域に目を向けて包括的な知識を得ていく必要があります。

事業の全体像を理解する

　マーケティング支援会社の立場の方からすると、自分たちが提案している**プロダクトやソリューションが、どのような業種や事業フェーズの会社でどのように役立つのかの見極め**が**重要**になります。同じプロダクトやソリューションでも、相手方によって魅力に感じる内容が変わってくることは往々にしてあります。

　単に自社の提供するプロダクトやソリューション領域の知識を深めるだけでなく、事業会社の業種や事業フェーズごとに異なるニー

ズや施策の全体像を理解することが、案件獲得だけでなく案件納品
で成果を上げるうえでとても重要になるのです。

第 **2** 章

成 果 を 出 す
O S =
「マーケティング思考」

01 | マーケティングで 事業を伸ばす 責任者の視界

▌ どうすれば事業は成長するのか

本章では、具体的に「マーケティング思考」とは何かを解説していきます。

筆者はこれまでのキャリアのなかで、成長企業の経営層や事業責任者の方に話を聞く機会に恵まれました。経験が浅いころは、「御社の事業が成長した秘訣や意思決定は何ですか?」と、あまりにも無邪気でストレートな質問をしていました。

しかし、この粗い質問に対して誠実に考えて答えようとする方ほど回答に悩み、苦しむ様子がわかり、これが愚問だと気づくのに時間はかかりませんでした。

誠実に説明してくださる方の多くは、考え抜いたあとに「なぜ事業の成長ができたかは、そこまで単純化して答えるのは難しい。なぜなら、複合的な意思決定と施策の掛け算の積み重ねによる成果だから」という趣旨の返事をされていました。表現する言葉は違っても、内容としては似通っていた記憶があります。

企業内部の経営層や事業責任者の視界で見ると、事業成長をもたらすものは、外から見えやすくわかりやすい「何らかの唯一の施策」では説明がつかないことが大半です。

成果とは「過去からの取り組みの蓄積」や「複数の施策の掛け算」

によって生まれるものですし、組織の外からは見えにくい部分にも、成果を出す重要な要素が隠れているからです。

事業を成長させるために必要な3つの要素

実際に事業を伸ばした方々に話を聞き続けた結果、「外から見えやすい施策の内容以外で非常に重要」と認識されていることには共通性が高く、次の3つに集約できます。

- **戦略**：マーケティング施策の背景にある戦略
  どのような顧客に、どのような価値を生むために、どのような施策に人やお金を投資配分するのかという方針

- **知識・スキル**：マーケティング施策実務を推進する組織メンバーの知識・スキル
  組織メンバーがマーケティング施策を推進するための具体的な知識やスキル。これが乏しいと各種施策の成果が出ず、戦略はまさに「絵に描いた餅」になる

- **社内外チーム連携**：顧客体験の視点から、多くの施策をスムーズかつ効果的につなげる社内と社外の組織との密な連携
  PR、広告、ウェブサイト、商品・サービス、購入後のカスタマーサポートなど、提供する部門や人が違っても、また社外の広告代理店と推進する施策でも、同じブランドの下で一貫した顧客体験を提供できる社内外の連携。PRや広告で醸成した期待に対し、訪れたウェブサイトではまったく異なる訴求をしていたり、それらの訴求と実際の商品・サービスの体験が異なっていたりすると成果は出ない

外から見えない部分も大切

　外から見える部分の商品・サービス、店舗・EC・アプリ、広告・PRなどの施策の品質は、顧客が直接触れる部分であり、内容次第で成果に大きな差がつくため大変重要です。一つひとつの施策が雑で品質が低いと、成果は期待できません。

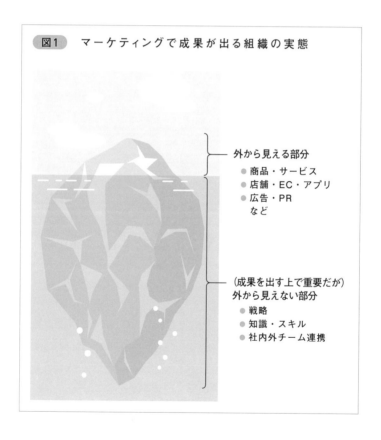

図1　マーケティングで成果が出る組織の実態

外から見える部分
- 商品・サービス
- 店舗・EC・アプリ
- 広告・PR
　など

（成果を出す上で重要だが）
外から見えない部分
- 戦略
- 知識・スキル
- 社内外チーム連携

外から見える部分も、外から見えない部分も、両方大切です（図1）。ただ、その因果関係に注目していただきたいと思います。**「外から見えない部分（戦略、知識・スキル、社内外チーム連携）」が良好だと、その結果として「外から見える部分」の施策アウトプットが良くなるという関係性**になります。

　つまり、事業やマーケティングを率いる人は、外から見える施策の品質と成果を良くするために、外から見えない部分を引き上げていくことが大切です。

シンプルだが奥深いフレームワーク「誰に？ 何を？ どのように？」

マーケティングを推進する基本骨格

　成果を上げるリーダーは、戦略、知識・スキル、社内外チーム連携の3点を押さえていると述べました。このうち、戦略は究極的には腕の良いひとりが立てればなんとかなります。ですが知識とスキルは組織メンバーに身につけてもらう必要があり、それをもって3つ目の連携を推進するという構造があります。

　ここで組織メンバーに身につけてもらいたいのが、「マーケティング思考」です。これは、多くの人が聞いたことがあるはずの「誰に？ 何を？ どのように？」のフレームワークで説明できます。

- **誰に？**：どのような顧客に（顧客理解）
- **何を？**：どのような価値を（顧客価値）
- **どのように？**：どのような施策で届けるか（4P施策）

　マーケティングを推進する数あるフレームワークのなかでも、非常に普遍性が高く極めてシンプルな3階層の基本骨格です（図2）。

　それぞれ「誰に？」は顧客理解、「何を？」は顧客価値、「どのように？」は4P施策をどう捉えるかという問いでもあります。顧客価値について補足すると、何を提供するかという問いに「価値」と答えられることが多いですが、商品・サービスそのものに普遍的な価値はないと筆者は考えています。価値はあくまで顧客がそれぞれ主観的に見い出すものなので、本書ではその意味で「顧客価値」とい

図2　マーケティングを推進する基本的かつ強力な
フレームワーク

誰に？	**どのような顧客に？（顧客理解）** ● ターゲットとなる顧客層。価値観〜生活や潜在的／顕在化したニーズなどの顧客理解を含めて捉える
何を？	**どのような価値を？（顧客価値）** ● 顧客が、うれしい〜役に立つと感じられる効用全般（心理的／物理的なものすべて） ● 競合が認識されている市場では、市場競争で埋もれず選ばれるために"価値の中の独自性"を定義し焦点をあてる必要がある
どのように？	**どのような施策で届ける？（4P施策）** ● マーケティング4P施策で最適な施策を組み合わせて展開 ● 商品・サービス、広告・PR、販路、価格など顧客との接点になるあらゆるものはすべて施策として考えられる

う言葉を使っていきます。

価値は4つの視点で洗い出す

フレームワークは業種や職種によって使いやすい、使いにくいという相性があり、組織や個人の考え方や言葉の好みもあります。ただ、この3階層の基本骨格は、マーケティングにかかわるならば基本中の基本といえる普遍性があるものです。

ちなみに、消費財メーカーであるP&G（プロクター・アンド・ギャンブル）出身の方々が「WHO／WHAT／HOW」という記載でフレームワークを記述されることが多いのですが、筆者はP&G出身ではなく、P&G流の方法論を理解しているわけでもありません。
本書では日本語としてもっとも理解しやすい言葉を考えた結果、「誰に？（顧客理解）／何を？（顧客価値）／どのように？（4P施策）」という記載の枠組みとし、多くの人が理解しやすく、簡易に取り扱えることを目的として必要最小限の要素で解説しています。

このフレームワークはシンプルなので、それっぽく書こうと思えば表面的に書けてしまうのですが、それでは実効性がありません。

入り口となる「誰に？（顧客理解）」で、適切なターゲット顧客を選び、深い顧客理解を伴って定義できていることすら稀です。ましてやマーケティングにかかわる広範囲な人々に、ターゲット顧客の理解と定義が共有化され、共通認識ができていることはさらに少ないのが実態です。

同じように「何を？（顧客価値）」も、実効性のある深い定義が難

しいものです。「顧客価値」は抽象概念のため、考えることや言語化が難しく、上手に定義できる人は多くありません。「顧客価値」は多様な視点で定義できるため、顧客へのヒアリングを通じて以下の4つの視点で整理すると、洗い出すハードルは下がります（図3）。

- **機能的価値**：商品・サービスの仕様そのものが、顧客にもたらすもの
- **金銭的価値**：商品・サービスの利用または将来の売却などで金銭的に得られるもの
- **社会交流的価値**：商品・サービスの所有や利用を通じて生まれた他の人とのつながりから得られるもの
- **自己表現的価値**：商品・サービスで自己表現ができたり、気分が良くなったりするもの

仮に高級腕時計ブランドで考えると、このようになるでしょう。

- **機能的価値**：時刻を知ったり、防水によって深い水深でも腕時計をつけたまま利用できたりすること
- **金銭的価値**：今後値上がりして高く売れる、あまり値下がりせずに売却できるといった資産性が期待できること
- **社会交流的価値**：同じ高級腕時計をするファンコミュニティで新しい人と仲良くなること
- **自己表現的価値**：高級腕時計を身につけたりSNSで投稿したりすることで、自分の財力やセンスを表現したり、周囲から腕時計を褒められて気分が良くなること

図3 顧客価値を構成する4つの視点

顧客価値を構成する4つの視点			高級腕時計の例
物理的な価値要素	機能的価値	商品・サービスの仕様そのものが、顧客にもたらすもの	● 時刻と日付を知る ● 信頼性の高い機構の安心感 ● 防水機能により水深100mでも利用できる
	金銭的価値	商品・サービスの利用、または将来の売却などで金銭的に得られるもの	● 今後の相場の値上がりや、現状からあまり値下がりせずに売却できる期待といった資産性の高さ
心理的な価値要素	社会交流的価値	商品・サービスの所有や利用を通じて生まれた他の人とのつながりから得られるもの	● 同じ高級腕時計を愛するファンコミュニティで新しい人と仲良くなる ● ほかの人から褒められるなど
	自己表現的価値	商品・サービスやブランドイメージで自己表現したり、気分が良くなったりするもの	● 時計を身につける〜SNS投稿で財力やセンスを表現 ● ブランドの歴史への憧れや共感で気分が良くなること

顧客は価値と費用のバランスを比較検討している

価値と費用は顧客によって捉え方が異なる

　顧客は、商品・サービスが自分にもたらすと期待できる「価値」と、それを得るのに必要な対価となる「費用」（お金や時間などのコスト）のバランスを評価し、競合商品・サービスの「価値」の比較などを経て、買うか買わないかの判断に至ります（図4）。

　結局のところ「価値」と、それを得るのに必要な「費用」は、一人ひとりの主観によって捉え方が異なります。100万円の高級腕時計は、ある人にとってはその金額対価を上回る価値でしょうし、別の人にとっては100万円で得るものとしてはまったくもって意味不明で魅力がないということもありえます。

　数億円以上の資産を持つ富裕層であれば、100万円程度は衝動買いできる金額で、そこまで価値に強い確信がなくても、金額の負担感が少ないので衝動買いされるという場合もあります。

　同様に、金額だけでなく「時間」も主観的で、忙しい人にとって複数の店をまわって比較する時間は「大きな費用」ですが、暇な人にとっては費用負担の感覚はありません。

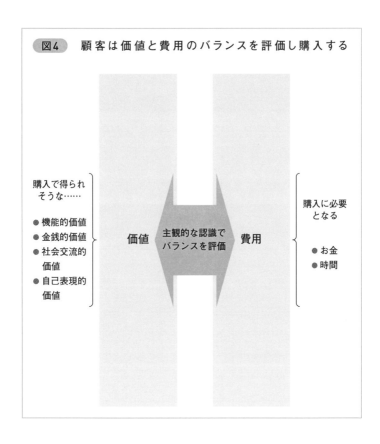

図4 顧客は価値と費用のバランスを評価し購入する

購入で得られ
そうな……

● 機能的価値
● 金銭的価値
● 社会交流的
　価値
● 自己表現的
　価値

価値

主観的な認識で
バランスを評価

費用

購入に必要
となる

● お金
● 時間

顧客が感じる「価値」を
高め続ける努力が欠かせない

　価値を得るための費用も時間も、それぞれの顧客が主観的に捉えるものである以上、価値を感じるターゲット顧客層と一対の関係と捉えて定義することが大切です。ただ、「誰に？」の顧客理解と「何を？」の顧客価値の整合した定義は重要ですが、この2つだけでは

ただの概念で、「どのように？」の4P施策に落とし込んで実装しなければ、顧客にとっては何も意味がありません。

よくマーケティングの現場では「施策から考えずに目的から考えよう」という話をします。それは何らか良さそうな4P施策を思いついても、その施策が満たすべきターゲット顧客層のニーズや価値に合致しているのか、という上位2階層の「誰に？」と「何を？」が不在の発想を戒めているものです。安定して打率が高い人は、「誰に？」と「何を？」の目的を確認してから、「どのように？」の4P施策を考える手順を踏みます。

もちろん、施策のアイデアが電光石火のように思いつくこともあります。ですが、思いついたアイデアの面白さと目的との合致は別なので、しっかりチェックする習慣を持てば良いという話です。

競合が認識されている市場では、顧客は相対比較をするため、「価値における自社の独自性」を定義し、訴求することが大切です。そもそも商品・サービスの設計に独自性ある要素が埋め込まれていることがさらに重要です。

ちなみにビジネスが拡大してくると、その売上規模を成り立たせるために、複数の顧客層をターゲットに、それぞれに異なる価値を訴求することは珍しくありません。

つまり、ひとつの商品・サービスに対して「誰に？（顧客理解）」と「何を？（顧客価値）」のセットを複数定義し、それぞれ最適な「どのように？（4P施策）」を考えて並列展開するということになります。

最近では、原材料費と人件費の高騰や為替の円安によって、企業

のコストが上昇し、商品・サービスの値上げが避けられない経営テーマになることが増えています。しかし、企業にとっての値上げとは、顧客からすると費用負担を高める行為なので、「対価に見合うように価値も高める」もしくは「高くなった価格を負担に感じないように、懐に余裕のある顧客層に売る」という工夫をしないと購入顧客数の減少を招きます。

　企業活動において、顧客が感じる「価値」を高め続ける努力は、永遠に続く重要な根幹の活動です。

No. 04 | 売上を伸ばす方法は5つしかない

短期的には3つ、中長期的には2つ取り組みがある

「価値」と「費用」の関係を、「誰に？（顧客理解）」と「何を？（顧客価値）」の関係の枠組みで考えると、売上を伸ばす方法は計5つあります。短期的には3つ、中長期的には2つです（図5）。

短期的に売上を伸ばす取り組み

1. 広告やPRにより、価値を高く評価する人（＝誰に）へのリーチ、つまり接触範囲を拡げる
2. 商品・サービスは現状のままで、「誰に？」と「何を？」の新しい有効な組み合わせ（ターゲット顧客層と顧客価値）を開発する
3. 商品・サービスを得るための費用を下げる。具体的には、価格を下げる、トライアルの商品やプランを提供する、販売チャネルを増やして入手しやすくする、販売チャネルで目立つ場所に置かれるようにして探す時間を削減するなど（ただし価格を下げる場合は、販売量を増やすことでコストを下げ、収益を増やすシナリオが必須）

中長期的に売上を伸ばす取り組み（成果への反映に時間がかかる）

4. 商品・サービスの実態となる仕様・スペックのレベルを高め、価値の大きさと、価値を評価する顧客層を拡げる
5. 商品・サービスを新しく開発し、価値提案の幅を拡げる

図5 売上を伸ばすアプローチ

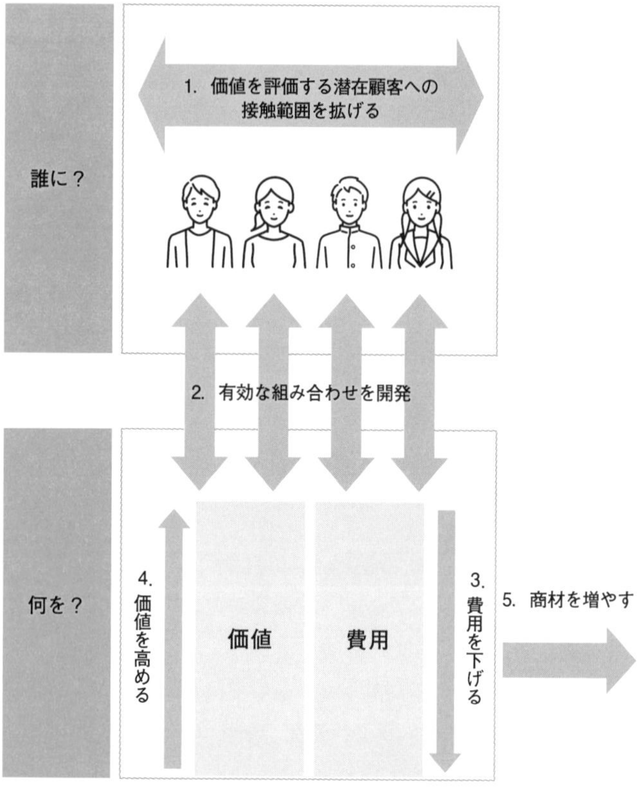

誰に？

1. 価値を評価する潜在顧客への接触範囲を拡げる

2. 有効な組み合わせを開発

何を？

4. 価値を高める

価値 費用

3. 費用を下げる

5. 商材を増やす

安易な値下げと商材増加はしてはいけない

注意しなければいけないのは、3.の安易な値下げに頼らないこと。また、5.の商材ラインアップ拡大を安易にしないことです。

1.や2.や4.の、現在の商品・サービスの売上を伸ばすアプローチをやりきれていないのに、**すぐに「商材の限界が来た」と判断し、次々に新しい商品・サービスを増やしてしまうことは避けなければいけません。商品・サービスの増加は、社内の人やお金の投資リソースの分散**にもつながります。

既存商品を伸ばさず、新商品に頼って売上をつくるサイクルが続くと、収益性が脆弱な事業構造になりがちです。

小売業態なら、仕入れ商品を増やす程度のことは、うまくいかないときにすぐに損切りできるため問題ないのですが、うまくいきはじめた業態や店舗フォーマットで伸ばし切る前に、次々と新しい業態や店舗フォーマットを増やすと、収益性の面で問題化することが増えます。

4P施策の選択肢は
デジタル化で爆増

なぜ施策の選択肢が増えているのか

「誰に?(顧客理解)」と「何を?(顧客価値)」の2階層は、実は
デジタル化が進む前の時代から、重要性も整理の方法も大きな変化
はありません。既存顧客や潜在顧客のデータは以前より容易に集め
やすくなり、多少はデジタル化の恩恵がありますが、まだまだ人に
よるアナログな整理と理解が有効な、属人性の高いスキルが求めら
れる領域といえます。

「誰に?」の変化をあえていえば、デジタル化でニッチな媒体と細
かくターゲティング指定できる広告技術が出現し、ニッチなター
ゲット顧客層でも収益化しやすくなり、事業が成り立つようになっ
た部分です。

しかし、ここから説明する3階層目の「どのように?(4P施策)」
は、インターネットの登場やデジタル技術の進化で激しく状況が変
わり続けています。その変化を、大きく次の2つの力学が促してい
ます。

• インターネットの登場により、メディアの数が増え、細分化・多
  様化した

• パソコンやスマホなどユーザーの生活に密着したデジタルデバ
  イスの普及と、店舗での各種センサーやRFIDタグの普及により、

リアルな世界を含んだユーザーのデータを取得して、そのデータに基づいて施策を最適化するコストが下がった

これらはマーケティング施策を大きく変化させ、スピードも日進月歩の世界です。

メディアの増加・細分化・多様化でいえば、以前はテレビ、雑誌、新聞、ラジオと呼ばれるマスメディアと、一部の街で見かける交通広告、DM、チラシくらいしかなかったものが、今はもはや数えるのも不可能な数の媒体がインターネット上にあります。プロジェクションマッピングなどリアルな場所でも、メディア化して活用するような技術や試みが増えています。

無数に増え続ける施策への対応が求められる現代

ネットの媒体が増えた結果、ニッチなテーマの趣味やセンスのメディアも細分化していきました。最近だと、個人で多くのフォロワーを抱えるインフルエンサーも、メディアの多様化のひとつです。

同様にスマホが出てきたことで、スマホ上でのネット閲覧やアプリ内での行動、隣接するデジタルデバイスのデータなどを得てサービスや広告を最適化する手法も増えています。価格も、動的に市場競争や在庫状況に合わせて変化させたり、顧客の購買力や魅力度によって価格を変動させる仕組みも増えています。

細かな例を挙げるとキリはないですが、**インターネットの普及やデジタル化の前と後では、4P施策の選択肢の数が桁違いに増えているうえに、その変化の速度も上がっています**（図6）。

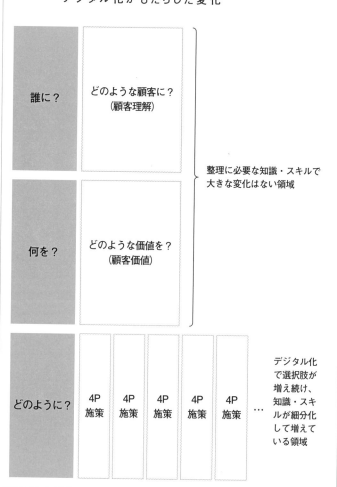

図6 インターネットの普及と
デジタル化がもたらした変化

誰に？	どのような顧客に？ （顧客理解）
何を？	どのような価値を？ （顧客価値）

整理に必要な知識・スキルで大きな変化はない領域

| どのように？ | 4P
施策 | 4P
施策 | 4P
施策 | 4P
施策 | 4P
施策 | … |

デジタル化で選択肢が増え続け、知識・スキルが細分化して増えている領域

マーケティングにかかわる人は、昔は4P施策で覚えることは多くはなく、数の限られたテレビ、新聞、雑誌など覚えられる範囲でした。しかし無数に増え続けている今、そのすべてを深く知ることは不可能といえます。

　コミュニケーション以外の商品・サービスにおいても、リリースしたら終わりではなく、データでフィードバックを得る仕組みが増えたことで、常に改善を続けられるようになった業界も増えています。

　デジタル化でできることが増え、マーケティングにかかわる人数も増え、チームも大きくなったことで、分業が増え、顧客理解と顧客価値の存在が置き去りになりやすくなっています。昔より相当複雑化していることの理解が重要です。

　さらにいえば、施策の増加が、専門性の領域の増加と多様化を招き、同時にそれらをプロとして担える人や知識の分断が起きているのが現代のマーケティング環境です。

「すべての施策の詳細をひとりの人が知ることが難しい現代で、どういう知識を持った人でチームを構成すれば良いのか？」

　これが、現代の企業が直面している問いです。

マーケティング施策のプロが集まっているのに なぜ成果が出ないのか

　この問いに素直に答えると「施策の領域が増えて専門性が分断したなら、展開する施策領域ごとに専門家をチームに引き入れればいい」という話になります（図7）。そのような専門家は、社員の場合もあれば、フリーランスや広告代理店への業務委託の場合もあるでしょう。お金のある会社は、そのように専門領域ごとに採用や外注で手当てをします。

　これは一見、非常に良い解決策に思えます。しかし、このチームの布陣をそろえたはずなのに、マーケティング施策の展開で成果を出せないままの企業はたくさんあります。
　理由は、「各領域の施策の知識を持ったプロが集まったチーム」の布陣では見落とされがちな落とし穴が2つ潜んでおり、その手当てができていないためです。

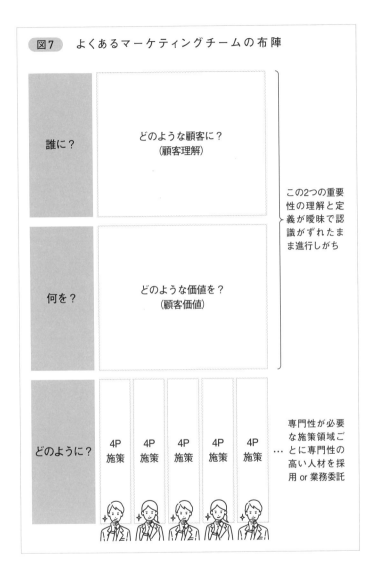

図7 よくあるマーケティングチームの布陣

誰に？	どのような顧客に？ （顧客理解）	この2つの重要性の理解と定義が曖昧で認識がずれたまま進行しがち
何を？	どのような価値を？ （顧客価値）	
どのように？	4P施策　4P施策　4P施策　4P施策　4P施策　…	専門性が必要な施策領域ごとに専門性の高い人材を採用 or 業務委託

「誰に?」「何を?」の不在と 投資の全体最適を担う担当者の不在

　マーケティングチームが陥ってしまいがちな落とし穴は次の2つです。

1. 各施策の指針になる「誰に？（顧客理解）」と「何を？（顧客価値）」が不在で、4P施策のアウトプットがずれ、施策で顧客の心と行動の変容ができず、成果が出ない

2. 「何らかの施策を上手にやる」以前の判断として「そもそも、どの施策に投資配分して展開するか？」や「どの施策と施策の間の一貫性・連携が大切か？」という、4P施策への投資の全体最適化を担う指揮者が不在で成果が出ない

　この落とし穴の話は非常に重要なので、一つひとつ説明します。

施策の落とし穴1
「誰に?」「何を?」がない

顧客理解と顧客価値が整理されていない

1つ目の落とし穴である「各施策の指針になる『誰に?(顧客理解)』と『何を?(顧客価値)』が不在で、4P施策のアウトプットがずれ、施策で顧客の心と行動の変容ができず、成果が出ない」(図8)について見ていきます。

これは非常によくあるケースです。SEO、デジタル広告運用、動画制作、記事制作、PRなど**何らかの施策を実行するノウハウや情報を持っている専門家が、「誰に?」の顧客理解と「何を?」の顧客価値の整理が強いとは限らない**ということです。

施策のプロでも
顧客理解と顧客価値を整理できる人は1~2割

もちろん、何らかの特定施策の専門家という旗を立てつつ、顧客理解と顧客価値の整理も上手な人はいます。

さらにいえば各施策の領域で非常に高い打率で成果を出す**一流のプロは、わざわざそれを「できます!」と主張しなくても、顧客理解と顧客価値が施策のディレクション基準になる重要性を理解し、依頼主や上司の意図を丁寧に確認します**し、そこが曖昧であれば自ら整理する力を持っています。

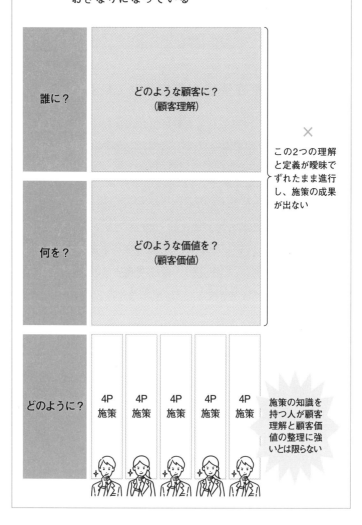

図8 落とし穴1：顧客理解と顧客価値の整理が
おざなりになっている

誰に？

どのような顧客に？
（顧客理解）

×

この2つの理解
と定義が曖昧で
ずれたまま進行
し、施策の成果
が出ない

何を？

どのような価値を？
（顧客価値）

どのように？

| 4P 施策 | 4P 施策 | 4P 施策 | 4P 施策 | 4P 施策 |

施策の知識を
持つ人が顧客
理解と顧客価
値の整理に強
いとは限らない

しかし、何らかの施策のプロを自任している人でそれができるのは、シビアに見れば1〜2割かもしれません。その部分が期待できない場合は、顧客理解と顧客価値の整理は依頼主や上司側がやらなければ、施策の成果が出ることはありません。

施策の落とし穴2
4P施策の選択・
リソース配分が弱い

投資の全体最適化ができていない

2つ目の落とし穴である「『何らかの施策を上手にやる』以前の判断として『そもそも、どの施策に投資配分して展開するか?』や『どの施策と施策の間の一貫性・連携が大切か?』という、施策への投資の全体最適化を担う指揮者が不在で成果が出ない」(図9)についても見ていきましょう。

売上を伸ばそうと何らかのマーケティング投資をする際、常にお金や人のリソースは限られます。それに対して「どの施策にどの程度配分するのか?」という投資配分の判断が、成果を出すうえで非常に重要です。**同じリソースがあっても、商品の中身の改良、パッケージデザイン、広告、PR、店頭販促など、何にどの程度お金を使うのかの判断によって、成果は大きく変わります。**

さらにいえば、メーカーが小売に卸して売るような商品であれば、小売側が売りたくなるような卸値設定、販売促進の支援、リベートの存在も、この投資リソースの配分にはかかわってきます。

施策に関する広くて浅い知識が必要

何らかの施策の専門家は、その施策には詳しくても、「そもそもこのタイミングで、どの施策から投資するべきなのか? 最適な投資配分はどの比率か?」の専門性や経験は備えていないことがあります。

図9　4P施策の選択・リソース配分が弱い

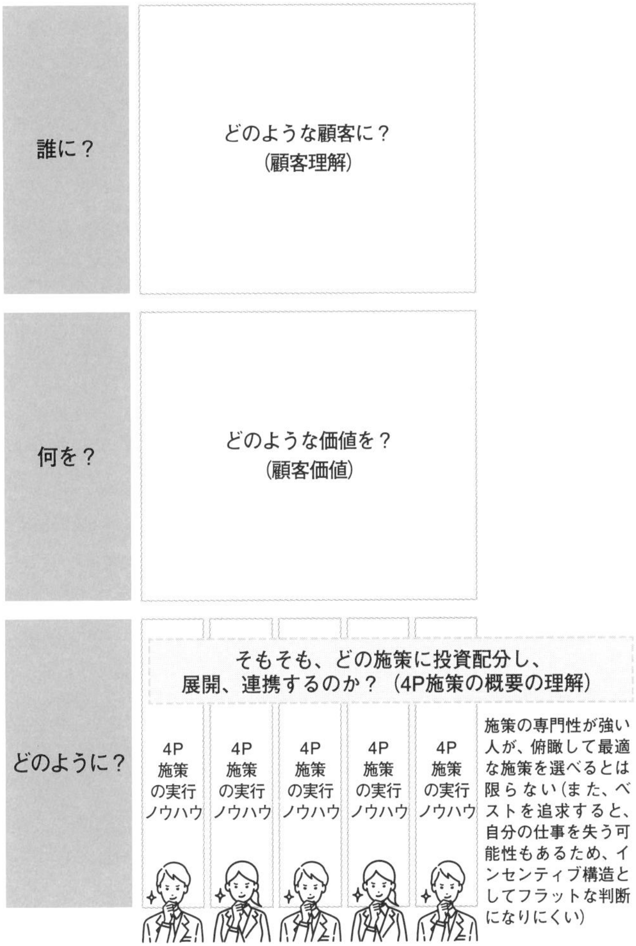

| 誰に？ | どのような顧客に？
（顧客理解） |

| 何を？ | どのような価値を？
（顧客価値） |

どのように？

そもそも、どの施策に投資配分し、
展開、連携するのか？（4P施策の概要の理解）

| 4P
施策
の実行
ノウハウ | 4P
施策
の実行
ノウハウ | 4P
施策
の実行
ノウハウ | 4P
施策
の実行
ノウハウ | 4P
施策
の実行
ノウハウ |

施策の専門性が強い人が、俯瞰して最適な施策を選べるとは限らない（また、ベストを追求すると、自分の仕事を失う可能性もあるため、インセンティブ構造としてフラットな判断になりにくい）

また、仮にその判断をする知識や見立てがあったとしても、自分が担う施策の予算を削る方向の主張をする人は稀です。雇われていようが、外部の業務委託だろうが「自分が担う施策領域は、現在の事業局面で売上を伸ばすうえで重要ではない」などという話を自らする人はいません。

　自らの仕事を失うリスクを負うため、口にしないのが常です。逆にいえば、これを正論として口にできる人は、仕事の引き合いに困らない自信がある腕の良いプロである可能性が高いです。

　このように「施策候補を横並びで比較して、優先的に投資する施策を決める」には、それぞれ候補になる施策の知識がゼロでは評価ができません。

　自分で実務を推進できるほどの深い知識は不要ですが、その施策で期待できる投資とリターンの金額の桁がずれないよう、施策を展開する場合の勘所くらいは押さえておかないと、全体最適の判断は難しくなります。つまり、施策投資の全体最適化の判断をするには、「施策に関する広くて浅い知識」が必要なのです。

▍施策間の連携・一貫性を保つ

　また、何らかの施策で成果を出そうとする場合、施策間の連携や訴求の一貫性は重要です。たとえば、商品・サービスが提供する本質的な価値とずれているけれど、上手に煽ったPRや広告を大規模に展開すれば、新規顧客を一時的に獲得できるかもしれません。

　ただ、商品体験が事前の期待とずれれば、リピート顧客にはならず、LTV（顧客生涯価値）は伸びず、顧客獲得にかかった投資を回収できないためビジネスの持続性はありません。

商品と訴求との乖離ほど極端ではなくても、訴求内容が統一されていないことも、持続性を損なう要因になります。PRでのメディア報道やインターネットのバナー広告で期待させた訴求内容と、クリックして飛んだ先のLP（ランディングページ）の訴求がまったく異なる内容であれば、その期待値を維持できず、LPでの購買への転換率は下がってしまいます。

　つまり、**マーケティングで良い成果を上げるには、各施策の担当者同士が連携し、役割の分断を乗り越え、双方向で意見をすり合わせて調整**しないといけません。

　このような施策同士の連携を実現するには、それらのメンバーを束ねる上長や、施策を外部に委託しているなら事業会社内の発注者が、その判断と連携の動きをリードすることが不可欠です。ただ、マーケティングの施策の数は増える一方で、上長や発注者が目を光らせてリードするにも限界があります。

　せめて施策間の連携は、現場の施策担当メンバー同士で自発的に気づいて連携できるような意識とスキルを持つことが、現在のマーケティングで成果を出すチームの条件といえます。

　SEOの担当者だけれど、広告運用やLPに関心を持つ。マス広告担当だけれどSNSや店頭現場の販促物の知識を持つ。こういった自分の**担当や専門領域以外の知識を、浅く広くでも良いので学び、協働できるチームが実際に成果を出せるチームです。**
「自分の領域しか知らず、学ばない人」だらけのチームでは、成果を出しにくい時代になっているのです。

成果を出すチームが持つ「マーケティング思考」

「マーケティング思考」はマーケティング業務におけるOS

　ここまで解説した3階層の「誰に？（顧客理解）」「何を？（顧客価値）」「どのように？（4P施策）」のフレームワークに沿って「成果を出せるチーム」をまとめます。

- 「誰に？」「何を？」という顧客理解と顧客価値の整理は、各種施策のディレクション〜判断基準になる重要な要素
- 「どのように？（4P施策）」の領域は、デジタル化で選択肢が増え、領域ごとに新たな専門家が必要になり、施策の担当者やプロの専門性が分断しはじめている
- 各施策の専門家は、顧客理解と顧客価値の整理にたけた人とは限らないため、そこがおざなりにならないようにする注意と手当てが必要
- 「どの施策に、どの順番で優先投資すべきか？」という施策投資の全体最適化と、各種施策同士の連携を推進するには、全員が自分の専門領域以外の知識を浅く広く入り口まで学ぶことが重要になる

　この状況認識に沿って考えると、顧客体験の接点・施策という広義の意味でのマーケティングにかかわる人は、その全員が自分の専門領域に加えて「誰に？」「何を？」と、「どのように？」の施策の

図10　マーケティング思考が浸透したチーム

誰に？	どのような顧客に？ （顧客理解）	OS
何を？	**顧客体験の接点・施策にかかわる 全員が共通言語とすべき 「マーケティング思考」** どのような価値を？ （顧客価値）	

顧客理解、顧客価値、施策の入り口～概要部分までは全員が理解する

どのように？	4P施策 の概要	4P施策 の概要	4P施策 の概要	4P施策 の概要	4P施策 の概要	
	4P 施策 の実行 ノウハウ	4P 施策 の実行 ノウハウ	4P 施策 の実行 ノウハウ	4P 施策 の実行 ノウハウ	4P 施策 の実行 ノウハウ	App

施策の深い部分はそれぞれ担当の専門家が理解

第2章　成果を出すOS＝「マーケティング思考」

幅広い入り口〜概要部分までを学び、扱いこなせるようになること
が大切です（図10）。

　本書では、この領域を便宜的に「マーケティング思考」と名づけ、
マーケティング業務におけるOS（オペレーティングシステム）と位
置づけています。

┃ OSとAppは車の両輪

　誤解していただきたくないのは、OSとなるマーケティング思考
と対比した施策領域の深い知識＝App（アプリケーション）が不要
と主張し、軽視しているわけではありません。施策の深い専門知識
は、施策を実行して成果を出すうえで重要です。あくまでも、施策
の深い領域だけに精通したメンバーが集まっても成果が出にくい、
という話です。

　何らかの施策のメンバーや専門家で、安定して成果を出せる人
は、このOSを備えている可能性が高いということです。逆に、**成
果に大きなばらつきがある人は、そのOS部分は上司や依頼主など周
囲が補っている可能性が高い**といえます。**施策の専門性は、OSと組
み合わさってこそ安定して成果が出るので、それを人選や教育で担
保する**ことが大切です。

　ちなみに上記のOSとAppとは、パソコンやスマホの構成要素の
比喩です。

• OS＝オペレーティングシステム
　意思決定〜実行動作の判断とその組み立て方を司る部分で、
　MicrosoftでいえばWindows、AppleでいえばiOSの部分

- App＝アプリケーション

    特定の目的達成に最適化された手法の部分で、Microsoftでいえ
    ばOfficeの WordやPowerPoint、AppleでいえばSafariやiTunes
    Storeなどの部分

　マーケティングの世界においては「**最新トレンドの施策手法の細
部に詳しいわけではないけれど、安定的に成果を出す人**」や「**マーケ
ティング施策の知識は大してないけれど、顧客理解や顧客価値の見
立てがよく、やたら成果を出す創業経営者**」とは、すなわち**OSとな
るマーケティング思考のレベルが高い人**です。施策の細部は知らな
くても、全体最適化や連携ができる程度の概要は理解しています。

成果が出ないチームは
施策に偏重している

▌ 施策ばかりに詳しい人には要注意

「最新の施策手法〜知識に詳しいけれど、いまいち成果が出ない人」は、最新の施策のノウハウばかりに関心を持ち、Appの知識追加〜アップデートには熱心ですが、OSのマーケティング思考が弱い人といえます。

そんなAppの施策の深い領域しかわからないメンバー＝I字型人材（4P施策しかわからないスペシャリスト）しかいないチームは、顧客の需要が旺盛で、施策の実行が追いついていなかった事業成長フェーズでは一時的に成果を出せるものの、いずれ成果が飽和し限界がきたときに打開する力に欠けてしまいます（図11）。

成果の数字の伸びが止まったとき、そもそもの顧客理解や顧客価値の理解にさかのぼり、異なる顧客層や顧客心理に、異なる価値の訴求を組み合わせて新しい市場を開拓したり、そもそもの商品・サービスの価値を高めるように仕掛けたりといった動きができないと、状況を打開するのは難しくなります。

図11 施策に偏重していて成果が出ないチーム

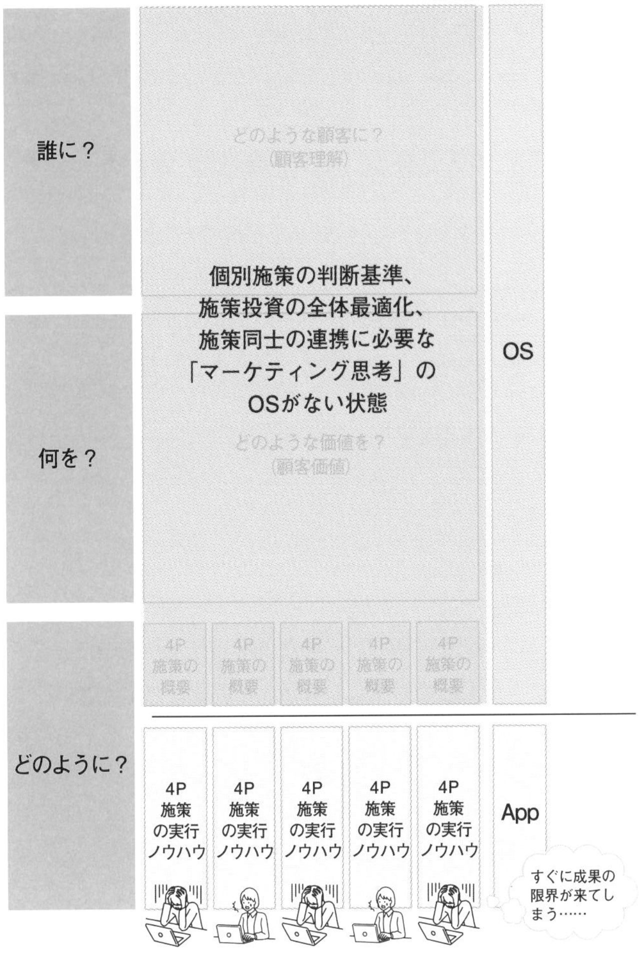

誰に？

何を？

どのように？

どのような顧客に？
（顧客理解）

個別施策の判断基準、
施策投資の全体最適化、
施策同士の連携に必要な
「マーケティング思考」の
OSがない状態

どのような価値を？
（顧客価値）

OS

4P
施策の
概要

4P
施策の
概要

4P
施策の
概要

4P
施策の
概要

4P
施策の
概要

4P
施策
の実行
ノウハウ

4P
施策
の実行
ノウハウ

4P
施策
の実行
ノウハウ

4P
施策
の実行
ノウハウ

4P
施策
の実行
ノウハウ

App

すぐに成果の
限界が来てし
まう……

No. 11 施策のAppに詳しく OSも備えた T字型人材が理想

マーケティングで安定して成果を出せるチームとは

チームメンバー全員がマーケティング思考のOSを持ったT字型人材（ジェネラリスト要素とスペシャリスト要素を併せ持つ）が集まったチームになると、施策の取り手の自由度と施策同士の連携度が高まり、安定して成果を出しやすくなります（図12）。

マーケティングで安定して成果を出せるチームには、施策のApp領域知識だけでなく、OS領域のマーケティング思考の意識と知識が浸透しています。

ただ、それらのOSとAppの両方を持っている優れた人材も、外部からみると「デジタルマーケティングに強い」とか「記事ライティングに強い」など、Appの知識しかない人と見分けがつかないラベルや、同じような肩書を持っており、非常にわかりにくいのも事実です。OSとなるマーケティング思考の能力や知識がどの程度あるのかは、一緒に仕事をしてみないとなかなかわかりません。

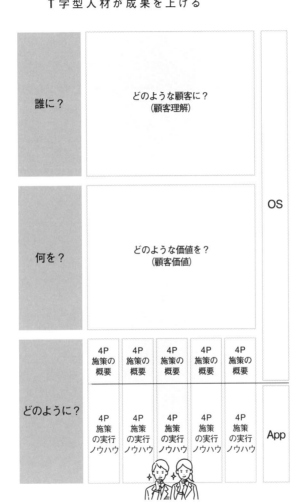

図12 施策とOSの両方に詳しい
T字型人材が成果を上げる

誰に？	どのような顧客に？ (顧客理解)	OS
何を？	どのような価値を？ (顧客価値)	
どのように？	4P 施策の 概要 / 4P 施策の 概要 / 4P 施策の 概要 / 4P 施策の 概要 / 4P 施策の 概要	
	4P 施策 の実行 ノウハウ / 4P 施策 の実行 ノウハウ / 4P 施策 の実行 ノウハウ / 4P 施策 の実行 ノウハウ / 4P 施策 の実行 ノウハウ	App

施策の変化のスピードが速い時代だからこそ重要なマーケティング思考

　ちなみに、チームのメンバー全員がマーケティング思考を持つことを推奨するのは、もうひとつ理由があります。それは重要度の高い施策の変化のスピードが速くなっていることです。現代の変化の速い市場と業務環境だと、重要度が高く注力すべき施策は、四半期レベルで変化し続けることもあります。

　また、施策の成果が出るまでの立ち上げ期には、優れた人材の時間を多く投入することが必要です。しかし、施策の成果が安定してきたら、また今度は新たな施策の立ち上げや異なる施策の改善に対して優れた人材の時間を使ったほうが、事業が伸びる局面が多々あります。

　特定の施策の深い専門知識へのニーズは、組織からすると流動性が高く、専門性へのニーズが急減する可能性もあります。そのため、ひとつの施策の専門性のAppだけに依存した人材ばかりを抱えたチームだと、その施策担当を柔軟に変更するアサインメントが難しくなります。OSを備え、他の施策領域の基本知識がある人材であれば、新しい施策に担当を変えても、前向きに適応できて成果を出すまでの時間も短くなります。

　特に長期雇用を前提とした企業の**社員採用の視点からすると、App（4P施策の専門知識）しかない人材を雇うことや、雇用後にAppの知識だけにしがみつく人材は、事業ニーズに応じて柔軟にアサイン変更する対応が難しい負債人材になりかねない**面があります。

　これは雇用される社員側や、業務委託で発注される側の立場でも

重要な視点です。何らかの施策の専門性を身につけるのは、キャリアの入り口として重要なプロセスです。

　しかし、専門性を深めるだけでなく、汎用性の高いOS領域のマーケティング思考を身につけておくことが、自らの成果とキャリアを高めるための武器であり、自分が持つ専門性へのニーズが消滅したときのリスクヘッジになります。

組織が内製化すべき
軸足はOS

人材の内製化と外部委託のバランス

OS部分の顧客理解と顧客価値の整理は、「知識として知っている」と「うまくやれる」の間に大きなギャップがある領域です。成果を出せるレベルでのスキル習得に長い時間がかかりますし、スキルを持つ人材であっても、1〜2日程度ですぐに顧客理解や顧客価値を整理できるわけではありません。

多くの顧客に触れてヒアリングする(もしくは代替で、社内で顧客とたくさん触れている人から話を聞く)のと、商品・サービスの価値を理解して棚卸しするには、優れたプロでも情報収集から含めると1〜2週間はかかります。

事業会社の立場としては、長期雇用と育成で内製化すべき人材は、OS部分のマーケティング思考を持つ人材(できれば何らかの領域で軸足となる施策の専門性は必要)で、状況に応じて短期での外部委託で調達して補完すべきは、App側の4P施策の深い専門性ということになります(図13)。

もちろん会社の固有の考えや強みづくりの戦略によって、何らかの施策の深い専門性を内製化するという判断はありえます。4P施策におけるプロダクトは事業の要となりますし、メーカーであれば商品企画、小売業であれば売り場の体験や棚の企画は内製化でノウハウを蓄積すべき生命線といえます。

図13 成果を出すマーケティングチームを内製化しつつ、外部委託も活用する

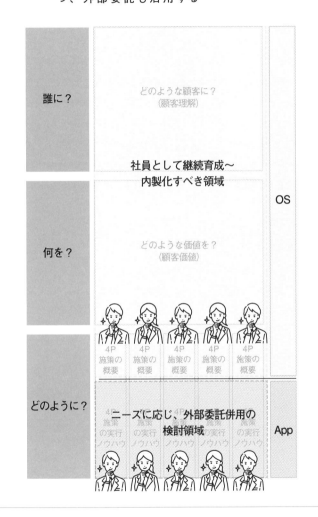

まずはOSを内製化することが先決

　この内製化と外部委託の切り分けが逆になっていて、失敗しているマーケティングチームを多く見かけます。理解が浅いまま「マーケティングに強い人材を採用しよう」と動き出すと、APP側の施策の深い部分だけを理解し、OS側が弱い専門家ばかりを採用してしまうことになりかねません。それでは成果が行き詰まってしまいます。

　OS側であるマーケティング思考の重要性を強く認識し、増え続ける4P施策の入り口の概要を貪欲に学び続け、施策の連携と担当施策の変更に柔軟に対応できる人材こそ、内製化・育成すべき部分になります。

　施策で持続的に成果を出し、業績を高めていくには、優れたOSといえるマーケティング思考が必須だと、ぜひ覚えておいてください。これが多くの組織で見落とされ、マーケティングの成果の足を引っ張っています。

専門家を採用した際に起こりがちな2つのミスマッチ

　筆者は「マーケティングを強化しようと専門家を採用したのにうまくいかない」と経営者から相談されることがよくありますが、その場合は以下のようなミスマッチが起きていることが多いです。

• 現在の事業フェーズにはミスマッチな施策領域の専門性に軸足がある人材を採用、もしくは外部委託している

- 引き受ける専門家の人材側も、OS部分のマーケティング思考の重要性を理解しておらず、施策部分の深い専門知識だけで成果を出そうとしている

また、このようなOS内製化とApp外部委託併用の組み合わせが有効となる理由は、採用力やコストの問題もあります。

以前と比べると、特に広告領域の外部委託を請け負う会社や、個人のフリーランスや副業従事者は増えています。しかし、T字型人材としてOSとAppの両方を兼ね備えた人材は、引く手あまたで報酬水準も非常に高くなります。

つまり、**採用するにしても、外部委託で契約するにしても非常に難しいのが現状で、現実的にはOS知識・スキルを持たない施策の専門家の採用もしくは外部委託する選択になりやすい**のです。

そのとき、OS側の顧客理解と顧客価値を整理して補完するのは社内人材です。だから、社内人材こそOS力を高めておく必要性があるのです（図14）。

OSとAppを兼ね備えた「マーケティング思考人材」

OSとAPPの両方を兼ね備えた人材、つまりマーケティングで業績につながる成果を出せる人材を、本書の主題である「マーケティング思考」になぞらえて「マーケティング思考人材」と呼んでいます。これは、図14の右上象限にあたります。

具体的な育成については第5章で詳説しますが、一定数のマーケティング思考人材を社内で育成できると、Appである4P施策の選択肢が増えても、外部に適切に委託しながら対応することができます。

図14 人材ポートフォリオの考え方

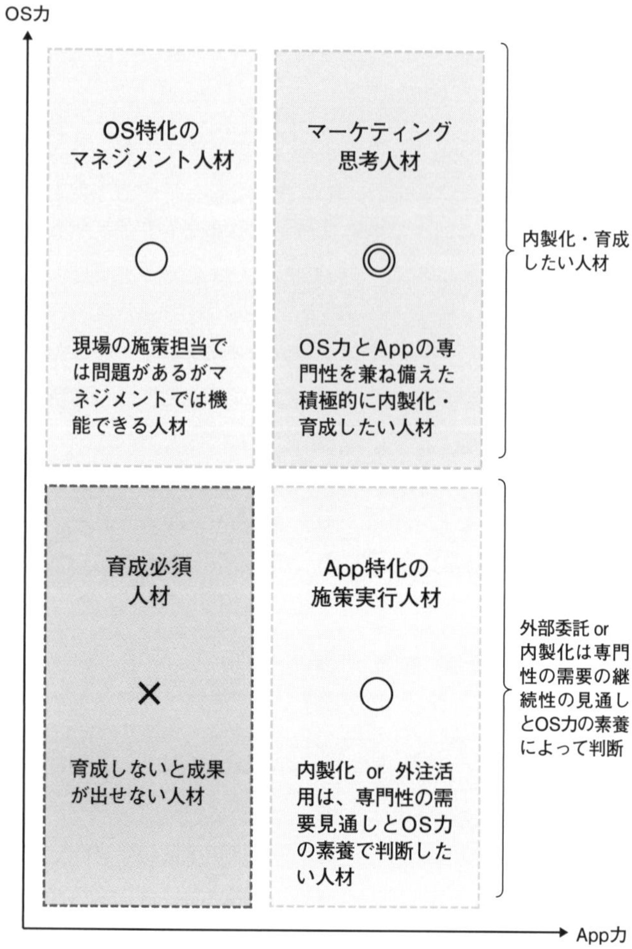

OS力

| OS特化の
マネジメント人材

○

現場の施策担当で
は問題があるがマ
ネジメントでは機
能できる人材 | マーケティング
思考人材

◎

OS力とAppの専
門性を兼ね備えた
積極的に内製化・
育成したい人材 |
| 育成必須
人材

×

育成しないと成果
が出せない人材 | App特化の
施策実行人材

○

内製化 or 外注活
用は、専門性の需
要見通しとOS力
の素養で判断した
い人材 |

内製化・育成
したい人材

外部委託 or
内製化は専門
性の需要の継
続性の見通し
とOS力の素養
によって判断

App力

OSのスキルの保有状況と潜在力を見極める

本書の冒頭で、マーケティングという言葉はその定義が人によって異なると述べましたが、マーケティング職として仕事をしている自覚がある業界内の人でも、そのOS側とApp側のスキルの違いと習得状況が見える化しておらず、認識がされないままにミスマッチが量産されています。

スキルというと、施策の専門性の深さに目が行きがちですが、注意深く確認すべきはOS側のスキルの保有状況や、OSを育成でどの程度伸ばせるのか？ という素養です。

ちなみにマーケティング支援会社であれば、何らかの施策領域に特化して支援を提供していることが多いですし、事業会社も外部委託先に主に期待するのは専門性の深さの部分になります。

そのため事業会社では内製化採用に迷うApp特化の施策実行人材でも、その専門性の内容が支援会社として今後も特化して大量供給していく場合は、内製化すべき人材といえます。

そのうえで、**App特化の施策実行人材がOS力を身につけて、マーケティング思考人材になったとき、支援会社のソリューションの付加価値はかなり高まり、事業会社から得られる信頼と収益が増える**ことは間違いありません。何らかの施策特化の看板を掲げている支援会社や人材も、安定して成果を出せる人はOS力の伴ったマーケティング思考人材といえます。

OSとなるマーケティング思考の重要性がいかに高いか、理解していただけたでしょうか。次章からはマーケティング思考の構成要素を、より詳しく解説します。

第 **3** 章

マーケティング思考を
構成する
3つの共通言語

No. 01 | 3つの共通言語を そろえる意味

チーム内の共通言語にすると強力になる

　マーケティング思考は、個人としても身につけるべきものですが、チーム内の共通言語になってこそ大きな成果を生み出します。その際、チームに浸透させるべき共通言語は、次の3つの要素に分解できます（図1）。

共通言語1：誰に？　何を？　どのように？
「誰に？」の顧客理解、「何を？」の顧客価値、「どのように？」の4P施策の入り口概要の知識・スキルを共有化することで、ミクロの施策の判断基準がそろいます。

共通言語2：用語・指標の定義と相場観
CPA、LTV、リピート顧客、ロイヤル顧客など、専門用語と指標を組織で定義し、事実の把握・理解、目標とする数字を見積もれる相場観を共有化することで、現状の事実と課題の認識がそろいます。

共通言語3：事業フェーズ別の考え方
事業フェーズごとに異なる重点的な取り組みとよくある課題、よくある落とし穴などの型を共有化することで、俯瞰での重点事項と落とし穴の認識がそろいます。

図1 マーケティング思考を構成する3つの共通言語

マーケティング思考を構成する3つの共通言語	**共通言語1** 誰に？　何を？ どのように？	「誰に？」の顧客理解、「何を？」の顧客価値、「どのように？」の各種施策の概要の知識 →施策ディレクションの判断基準がそろう
	共通言語2 用語・指標の定義と相場観	CPA、LTV、リピート顧客、ロイヤル顧客など、専門用語と指標の定義を組織でそろえ、数字として目指せる相場観を知ることで、事実の把握・理解を共有化 →現状の事実と課題の認識がそろう
	共通言語3 事業フェーズ別の考え方	事業フェーズごとに異なる重点的な取り組みと、よくある課題、落とし穴などの型を共有化 →俯瞰での重点事項と落とし穴の認識がそろう

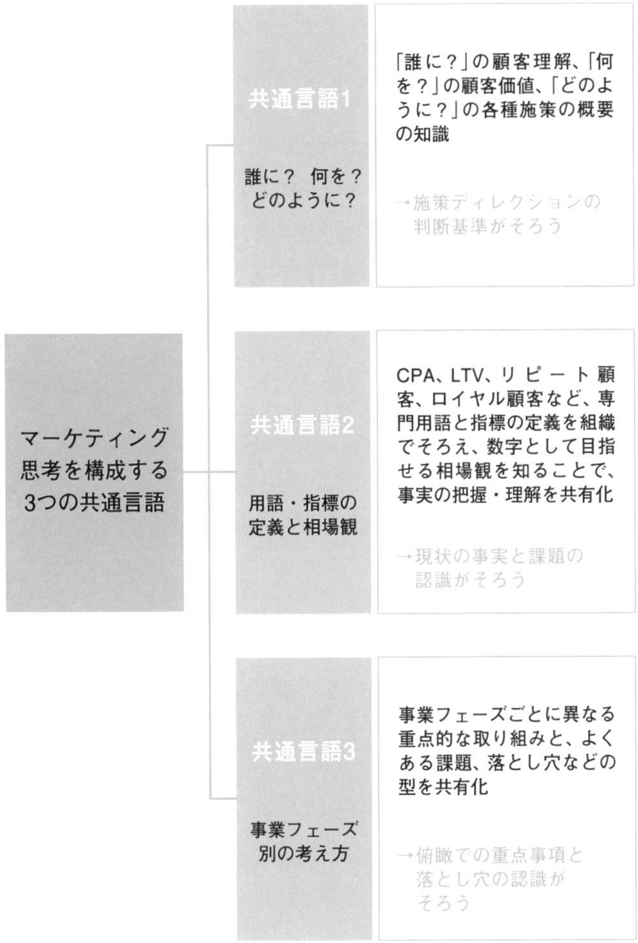

共通言語が浸透するとチーム力が高まる

　この3つの共通言語が浸透したチームは、非常に短い時間で意思の疎通と連携がしやすくなり、施策同士のスムーズな連携を促すだけでなく、チームの他のメンバーが担当する施策への健全な越境のフィードバックも実現します。

　さらには、他のメンバーが「どのようなことに取り組み、それがどの程度難しいものか」を想像できるようになるため、同僚の仕事をポジティブな視線で見守る空気が醸成されます。

　これは結果的にチームの心理的安全性を大きく高め、チーム内での前向きなチャレンジも増え、その結果として成果も出やすくなるというスパイラルが起こります。

　3つの共通言語の浸透は、マーケティングのチームビルディングを目的にするわけではないのですが、共通言語が浸透すると、結果的に非常に良いチーム文化が形成される副産物があることはぜひ覚えておいてください。

　マーケティングの会話のやりとりは難解な横文字や定義が曖昧な指標も多く、とにかく空中戦になりやすいものです。意思の疎通が図りにくいことで、成果が出ないだけでなく、メンバーのストレスレベルが高まりやすい仕事でもあります。

　そこで、この共通言語の浸透が、それらの組織課題も軽減します。食事や飲み会などの会話で仲良くなることも、一定の意味がありますが、それはあくまで共通言語を浸透させた状態に上乗せすべきものです。

　業務連携を円滑にすることこそ、チームビルディングの土台となり、成果向上だけでなくストレス軽減や労働時間の適正化にも貢献し、離職防止にもつながります。

共通言語1：
誰に？　何を？
どのように？

新規顧客と継続顧客を考える

共通言語1はすでに解説したマーケティングのOS部分（「誰に？」の顧客理解、「何を？」の顧客価値、「どのように？」の4P施策の入り口概要）までの知識と、それらを整理・企画し、業務推進するための知識・スキルです。

それらに加え、「そもそも、どの顧客を対象とするのか？」という論点で、業種を問わず汎用的に確認すべきなのは、毎年の売上をもたらしている新規顧客と継続顧客の比率と数の推移です（図2）。

仮に「毎年の新規顧客からの売上は2億円」と固定すると、2年目に継続する顧客が50％の場合と25％の場合、売上の推移はどのくらい変わるイメージがあるでしょうか？　ここでは便宜的に、顧客単価は固定とし、3年目以降の顧客の継続率も80％で固定して考えます（一般的に顧客の継続率は、3年目以降はニーズが充足された顧客が残っていくことで高まっていく傾向があります）。

5期目同士で比べた答えは、2年目の顧客継続率50％であれば売上は5億4000万円、2年目の顧客継続率が25％になると3億7000万円となります。同じ新規顧客売上を上げていても、その差は1.45倍です。10期目であれば、9億4000万円と5億7000万円の差となり1.64倍です。「なんだ、2倍も開かないのか？」と思ったかもしれません。ですが、これは新規顧客からの売上を固定化した場合の数字

図2 新規顧客と継続顧客の売上構造を知る

パターンA

2年目の継続顧客率50%の売上推移

- 新規顧客売上は毎年2億円で固定
- 3年目以降の継続顧客売上は80%で固定

- 5期目　売上5億4000万円
- 10期目　売上9億4000万円

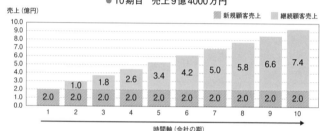

パターンB

2年目の継続顧客率25%の売上推移

- 新規顧客売上は毎年2億円で固定
- 3年目以降の継続顧客売上は80%で固定

- 5期目　売上3億7000万円
- 10期目　売上5億7000万円

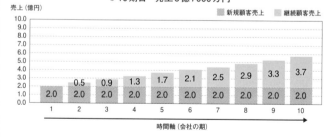

です。

　当然ながら、売上規模においてそれだけの差がつけば、新規顧客の獲得に投資できる金額は数倍の差が開き、顧客側も「会社として評判がよく大きい方」を選びやすくなります。そのため、**実際は「勝ちが勝ちを呼ぶ状態」となり、新規顧客の獲得数と売上でさらに大きな売上の差**が生まれます。

狙うべき顧客と施策目的を確認し、顧客理解を掘り下げる

　このような基本的な売上構造を確認することで、マーケティングチームとして新規顧客を伸ばすことにリソースを使うのか、それとも継続顧客率を増やすことにリソースを使うのか、戦略的に考える基本動作が可能になります。

　実際にはさらに細かく、顧客を獲得した施策別、顧客を獲得したタイミング別に顧客の継続率を見ると、新規顧客獲得のやり方の問題も発見し、改善できるようになります。

　業態や商材によって平均的な水準は異なりますが、初回購入後の2年目の顧客の継続率、もしくは2回目の購入率が、通常はもっとも大きく数字が下がる部分です。一方、3年目以降もしくは3回目以降はすでにリピート購入している顧客が分母になるため、継続率は高い水準で維持されます。そのため、この**2年目、もしくは2回目の購入継続率の数字を改善することが事業成長の基盤**になります。

　このように対象とすべき顧客やマーケティング施策の目的を確認しつつ、顧客の理解を掘り下げていくことが、業種を超えた基本動作です（図3）。

図3	マーケティング思考を構成する共通言語1 「誰に？ 何を？ どのように？」

共通言語1 誰に？ 何を？ どのように？	誰に？	**顧客を定義し、理解する知識・スキル** ● 新規顧客／継続顧客の売上構造（顧客数、比率、継続・離脱率等の経年変化） ● 顧客の行動・感情の変化、機会と課題を見出すカスタマージャーニー分析など ● 新規／既存／潜在顧客のデモグラフィック属性（性別、年代、地域など）、購買背景にある価値観・ライフスタイルがわかるペルソナ
	何を？	**顧客価値を捉えて定義する知識・スキル** ● 商品・サービスから顧客が主観的に感じる価値を抽出・整理（機能的／金銭的／社会的／心理的な視点から捉えた価値） ● 価値の中から、競合にはない独自性のある要素を明確化
	どのように？	**顧客体験の全体像と各種施策の 入り口～概要までの知識・スキル** ● 顧客体験の全体像設計 ● Product　商品・サービス企画の概要 ● Promotion　各種コミュニケーション施策の概要（種類が多い） ● Place　チャネルの各種施策の概要 ● Price　プライシングの概要

自らの消費体験の蓄積量がセンスを磨く

「誰に？」の顧客理解と「何を？」の顧客価値は、それぞれの定義の深さと相互の内容が合致する整合性が重要です。この2つの領域は、書籍や研修などによる形式知インプットの量だけではスキルアップを担保できない壁があり、知識の総量は多いが絶望的に筋が悪い人と、知識の総量は少ないが筋が非常に良い人の両方が実際には散見されます。

顧客理解の素養で重要なのは、「多様性あるさまざまな価値観や生活様式の人と交流した経験」が育てる、「人を相対化して理解する目線」です。顧客価値の整理で重要なのは、「趣味など自分なりにこだわって買った、関与度の高い消費経験の蓄積量」で、顧客が感じる価値を推察するために参照する自分の消費経験の引き出しの多さです。

これらは形式知の知識では代替が難しい部分のセンスに該当し、磨くことは可能なものの、キャッチアップに時間がかかる部分です。採用の際は、素養の見極めとして重要になります。

マーケティングの手法や技術をたくさん勉強はしているのに、うまく成果が出ない人というのは、この2つに欠けていることが多い印象です（この素養に関して気になる方は、「インサイトの筋の良し悪しを分かつ経験格差を考える」という言葉で検索してみてください。筆者が考察した記事にて、より詳細な解説を読んでいただけます）。

顧客の声を定期的に聞き続ける

顧客理解も顧客価値も、静止画として捉えるものではありません。顧客ニーズも競合の強みも常に変化していくため、永遠にアップデートし続けていくものです。

そのためマーケティングにかかわる人は、定期的に顧客の声を直接聞く機会を持つようにしましょう。それらは典型的な「重要度高く、緊急性が低い」仕事に見えるため、マネジメント側は意識して「定例化」しないと、組織にその習慣が根付きません。

顧客へのヒアリング技術の良し悪しも多少はありますが、回数を重ねていくうちに上達する、というくらいの割り切りをもって経験を重ねたほうが、結果的に顧客理解が深い組織や人材に育ちます。
顧客理解の調査は調査会社に委託するもの、という固定観念は取り去ったほうがいいというのが筆者の考えです。本当に自社ではできない高度なものは調査会社に委託し、そうではないものは内製化して、直接顧客の声に耳を傾ける機会を意識的に増やすのがポイントです。

チームのマーケティング業務が効率化される

マーケティングにかかわるチームでは、この顧客理解と顧客価値をすべての施策の企画を考える際の判断軸として共有することで、チームのコミュニケーションコストや施策同士の連携コストを下げることにつながります（図4）。

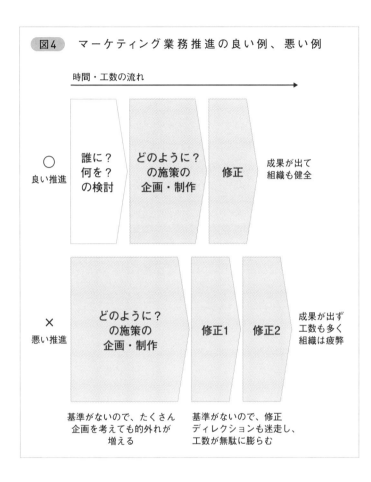

図4 マーケティング業務推進の良い例、悪い例

時間・工数の流れ →

○
良い推進

誰に？
何を？
の検討

どのように？
の施策の
企画・制作

修正

成果が出て
組織も健全

×
悪い推進

どのように？
の施策の
企画・制作

修正1

修正2

成果が出ず
工数も多く
組織は疲弊

基準がないので、たくさん
企画を考えても的外れが
増える

基準がないので、修正
ディレクションも迷走し、
工数が無駄に膨らむ

　この共通理解がないままに、**施策の企画・制作に入ってしまうと、実際に多くの工数をかけて商品・サービスや広告が仕上がってきてから「こんな方向性ではない」となり、多大な修正コストが発生し**ます。

　労働時間が長く成果が出ないマーケティングチームの大半は、「誰に？（顧客理解）」と「何を？（顧客価値）」の探索と議論に時間

をかけないまま、ひたすら「どのように？（4P施策）」を大量に制作し、社内での大幅修正のフィードバックを受けて工数が積み重なり、おまけに成果が出ないという悪循環のサイクルに入っています。

　施策は、企画して形にするのにコストがかかるだけに「とりあえずつくってみて」ではなく、チームとして「誰に？」「何を？」の基準を入念にすり合わせてから企画をスタートさせることが重要です。それが結果的にチームの工数や外注コストを減らし、成果を高めることにつながります。

　これは、チームの労働時間の短縮にもなり、労務環境の適正化にも大切なポイントで、まさに「急がば回れ」な部分だといえます。成果を出すチームは、この基本が徹底されています。

共通言語2：
用語・指標の定義と
相場観

現状と課題をすり合わせる道具

　マーケティングチームでは、現状と課題の認識をすり合わせることが大切です。なぜなら、**人によって意見の違いに見えるものも、意見の齟齬は、その背景にある現状と課題の理解のバラツキが引き起こしていることが大半**だからです。

　チームでの業務推進においては、現状と課題の認識をすり合わせることが、その後の意思決定の合意形成コストを大きく引き下げます。現状と課題をすり合わせる道具として、用語と、判断に用いる指標が有効になります。

　しかし用語と指標は、同じ組織内で定義が異なるまま運用されると、同じ物差しで比較分析できないので、現状の理解もままならないという状況が多発します。それらの定義が事業ごとに異なり、場合によっては同じ事業なのに人によって定義が異なっていて、正しい状況と課題の把握が難しいのもよくある話です。

個々人が知っていても
チームに浸透していなければ意味がない

　図5で紹介している言葉は、用語と指標で定義がぶれがちなものの一例です。すでに用語や指標を知っている、理解している人は「大した話ではない」と感じられるのではないでしょうか。

図5
図5 マーケティング思考を構成する共通言語2
「用語・指標の定義と相場観」

共通言語2 用語・指標の定義と相場観	用語の定義	**ぶれやすい用語の定義例** ● 新規顧客：トライアル商品購入を含む or 含まない、過去どの期間までの購入を新規とみなすかなど ● 継続顧客：継続購入とみなす初回購入からの期間など ● ロイヤル顧客：購入の金額・頻度・単価や特別アイテム購入のような購入実態もあれば、有償プログラム登録、重要コンテンツ閲覧などでロイヤリティを判断・定義することも
	指標の定義	**ぶれやすい指標の定義例** ● CAC：新規顧客獲得単価の意味だが、既存顧客の紹介や自然検索での獲得を交ぜた計算、もしくは交ぜていない計算など ● CPA：獲得単価の意味だが、獲得の定義がぶれやすい。クリック、見込み顧客、トライアル顧客、本商品顧客など ● CPO：注文単価の意味だが、トライアル商品注文か本商品注文か、でぶれやすい ● LTV：顧客生涯価値の意味だが、設定する期間、価値の粗利率の設定方法、LTVを計算する際に顧客一人ひとりの計算、もしくは全体平均を用いた計算かでぶれやすい

しかし「これらの用語と指標がしっかりとチーム内で統一的に定義され、分析され、自社の事業の現状と課題の理解に活かされていると自信を持っていえますか？」と問われるとどうでしょうか。セミナーでこの話をすると、8割の方が不安な表情を浮かべます。

また、「言葉は知っているけど、それらの指標はECやD2Cのような事業向けでは？ うちの事業はリアルな小売店が販路なので、データが取得しにくいし、関係ないのでは」と思った方もいるのではないでしょうか。

たとえばB to Cのメーカーなど、小売店を介した販売が中心で、顧客との直接取引が少なく、すべてのデータは容易に取得できない業種も存在します。しかし、**数字が取りにくい業種でも、何かしらの方法で（かけられるコストに応じて概算でも良いので）数字を把握しないと、現状と課題の理解を誤り、成果の出ない施策に注力することにもなりかねません。**

個々人として用語や指標を知っていることと、それらの定義が共有化され、判断の運用にまで浸透しているチームは、まるで別のレベルです。数字の管理と把握だけでは顧客価値を生むわけではないのも事実ですが、一定レベルの人数やお金を投資する事業フェーズであれば、それらが効率的に成果を生み出しているかを確認し、軌道修正し続けるための指標の運用は重要です。

事業規模と指標取得のコストのバランスには留意しつつ、一定の労力を割いてでも、これらの定義と運用を整えていくことが大切です。

安定して成果を出すチームほど
用語と指標の浸透を大切にしている

　言葉の定義の問題事象の例でいえば、ある企業ではマーケティングの担当者がLTVを売上数値のまま計算し、経営会議で報告していました。しかし財務責任者であるCFOは、LTVの数値は原価を差し引いた粗利だと誤認し、そのまましばらく会議で会話をしていたという笑えない話もあります。

　このように定義が異なると、一歩間違うととても利益回収できないような投資判断をしてしまい、財務に致命傷をもたらす可能性もあります。

　何らかの施策で満塁ホームランで業績向上、という話とは対極的な非常に地道な話ですが、安定して業績を高めるマーケティング巧者といえるチームほど、これらの用語と指標を事業実態に合わせて実効性あるように定義し、しっかりと目標として目指せる数字の相場観を持ち、チームの視界をそろえ、施策を連携させることが習慣化されています。

　数字の相場観は非常に重要です。指標として目指せるレベルの数字の水準がわかっていて、それらをさっと計算して「投資すべきか否か」の判断に必要な概算力を身につけたチームは、マーケティング施策投資のミスジャッジが大幅に減ります。

　数字の相場観は、時代の競争環境でも変わります。業態によってそもそもリピート購買されやすいか、されにくいかなどで顧客の継続率など標準的な相場観は変わるため、一律の基準を示すことが難しい部分です。そこはぜひ、それぞれの業界で相場観を持つ人に聞いたり、自分たちの事業で継続的に数字を確認したりして、相場観を養ってもらえたらと思います。

また細部のポイントですが、初見の人でも意味が伝わる言葉やグラフを使うことも大切です。数字に強い人は、数字の記憶力もよく、断片の数字を見ただけで時系列や他事業との比較と課題抽出ができますが、チームメンバー全員がそうした人で構成されているわけではありません。

　指標が持つ意味を解釈しやすいように視覚化することは、仕事と判断を属人化させずにチームで進める基盤になります。**用語と指標の定義と運用を共通言語として浸透させることは、チームの視界をそろえ、メンバー個々人の判断レベルを引き上げる成長支援のインフラ**になることをぜひ覚えておいてください。

第3章　マーケティング思考を構成する3つの共通言語

共通言語3：
事業フェーズ別の考え方

各事業フェーズのポイントと考え方・判断基準

　3つ目の共通言語は、事業フェーズ（段階・局面）の発展別に異なる力点を理解し、どう考えていくかの基本の型です（図6）。事業フェーズの定義や考え方によって個別の企業や事業とはマッチしない部分が多少出ることはありますし、この型を外れた判断で成功した事業もあると思いますが、あくまで汎用性を意識した基本の型として捉えてもらえればと思います。

　事業フェーズを想像しやすいよう、「0→1」や「1→10」という売上をイメージさせる数字（単位は億円）を入れていますが、これは事業カテゴリ、単価の大小、市場展開の地域範囲によっても大きく異なる部分があり、厳密な数字ではありません。

　感覚的には、日本市場で展開する化粧品のスキンケアアイテムであれば、ちょうど肌感覚と合っている水準の数字です。ただ極端な例を出せば、世界的な大ヒット商品であるiPhoneは2022年10月のAppleの決算発表によると、2022年度の売上は約2055億ドル、当時の為替で計算すると単一商品で約30兆円もの売上となり、数字の桁が異なる事業もあります。

　しかし、売上数字の桁が異なるiPhoneの売上拡大プロセスを考えても、基本的な判断基準はそれなりに当てはまると思います。次からiPhoneを例に、各フェーズを解説してみます。

図6	マーケティング思考を構成する共通言語3 「事業フェーズ別の考え方」

共通言語3 事業フェーズ別の考え方	事業フェーズと企業視点のゴール		企業視点のゴール
		フェーズ1 事業立ち上げ期 0→1	製品の市場適合 （PMF）
		フェーズ2 事業成長の前期 1→10	ユニットエコノミクス 確立
		フェーズ3 事業成長の後期 10→100	顧客数増加と顧客単価向上 の相乗効果
		フェーズ4 事業の成熟期・ 再生期	市場競争力と収益性の 回復
	各フェーズの考え方と判断基準	● 誰に？（顧客理解）、何を？（顧客価値）、どのように？（4P施策）の基本的な考えかた ● 特に注視すべき指標 ● よくある落とし穴	

第3章
マーケティング思考を構成する3つの共通言語

iPhoneを例とした事業フェーズの考え方

事業立ち上げ期は、試行錯誤を伴いながら事業を立ち上げ、画面全面タッチパネル、ブラウザによるパソコンと同様のインターネット接続、アプリといった、既存のガラケーにはまったくない独自性を備えて新規顧客を獲得する段階。

事業成長の前期は、事業成長の前期として顧客体験の向上を意図し、選ばれない要因となっている細かな欠点理由を穴埋めしながら、強みを伸ばして顧客の満足と継続率を高めていく段階。

事業成長の後期は、事業成長の後期として、顧客層と価値訴求の複線化を同時に行い、カラーやサイズの商品ラインナップのバリエーションも拡大し、さらに細かく市場シェアを高めていく段階といえるでしょう。

事業の成熟期・再生期の推察もしたいところですが、iPhoneはまだ年間の売上成長率を10%程度は保っており、成熟期〜衰退からの再生期とはいえない状況です。ただ、いつかはこのフェーズに移行するはずです。

筆者は、Appleが内部で考えていたiPhoneの戦略の実際は知りませんし、この解説はただの後講釈にすぎないのですが、汎用的な考え方のセオリーは覚えておいて損はありません。

事業フェーズ別の考え方の細部に移る前に、本章の締めとして事業フェーズ全体を俯瞰した変化の力学をお伝えしておきます。

事業フェーズの全体を俯瞰して
事業・組織能力・ガバナンスの力学を見る

まず、事業と顧客層の複雑性ですが、事業は売上規模の拡大とともに顧客層は増え、商材のラインアップも増えて複雑化していきます（図7）。

事業の初期フェーズでは、試行錯誤の繰り返しで顧客を獲得し満足を得ていくプロセスとなるため、とにかく試行錯誤を繰り返す量とスピードが大事になりますが、事業規模が拡大していくと、投資するリソースとなる金額や人の数が増えていくため、精緻な計画性と意思決定の精度が大切になります。

売上が、1000万円しかないときの収益リターンの2％の差はわずか20万円で、その差に時間をかけすぎても合理性はありません。しかし、事業の売上規模100億円によっての収益リターンの2％の差は、2億円の差になります。売上規模の分母が増えるほど、リソース投資の意思決定の精緻さが求められます。

意思決定ガバナンスの面でいえば、事業立ち上げの初期は、社内の人数も少ないですし、成功パターンも見つかっていない段階で権限委譲を考えても仕方ありません。まずは、創業者など事業立ち上げのキーパーソンが中央集権で素早く意思決定を繰り返し、試行錯誤のなかで成功に近づけていくのがセオリーです。

しかし、事業規模が大きくなって事業フェーズが後期になれば、ひとりのキーパーソンがすべての施策を細かく見ることは不可能です。

そのため大きな意思決定の分岐になる戦略面は、上層部で中央集権的に決めながらも、マーケティング施策の細部は現場メンバーが自律的に意思決定できるように権限委譲していくことが大切になります。

第3章 マーケティング思考を構成する3つの共通言語

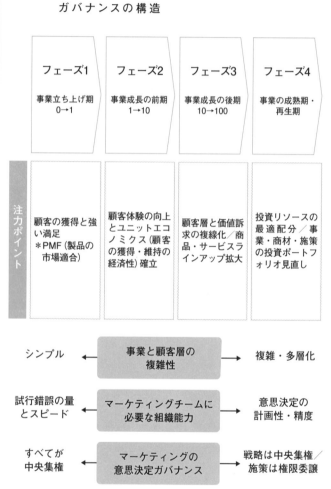

図7 事業フェーズで変化する事業・組織能力・ガバナンスの構造

フェーズ1	フェーズ2	フェーズ3	フェーズ4
事業立ち上げ期 0→1	事業成長の前期 1→10	事業成長の後期 10→100	事業の成熟期・再生期

注力ポイント

顧客の獲得と強い満足 ＊PMF（製品の市場適合）	顧客体験の向上とユニットエコノミクス（顧客の獲得・維持の経済性）確立	顧客層と価値訴求の複線化／商品・サービスラインアップ拡大	投資リソースの最適配分／事業・商材・施策の投資ポートフォリオ見直し

シンプル ← **事業と顧客層の複雑性** → 複雑・多層化

試行錯誤の量とスピード ← **マーケティングチームに必要な組織能力** → 意思決定の計画性・精度

すべてが中央集権 ← **マーケティングの意思決定ガバナンス** → 戦略は中央集権／施策は権限委譲

ちなみに事業や商材の数が少ない場合は、事業規模が大きくて
も、経営層が直接細部まで目を光らせる方法もありますし、事業や
商材の数が多い場合でも、注力すべき事業や商材に絞り込んで経営
層が直接指揮する場合もあります。

　このような**事業フェーズの違いを理解しておくと、経営層やチー
ムリーダーの大きな方針も整理されますし、現場メンバーもモード
チェンジの理由が理解できる**ようになります。事業フェーズ別の考
え方の細部は、次章より説明していきます。

第 **4** 章

事 業 フ ェ ー ズ 別 の
考 え 方 ・ 判 断 基 準

事業フェーズ別の特性を
理解する４つの視点

マーケティングチームとして共有しておきたいこと

　本章では、4つの事業フェーズ別に変化していく、マーケティングチームとして共有しておくべき考え方・判断基準を次の4つの視点で解説していきます。

　事業を指揮する経営層からチームメンバーまでが、事業のフェーズを俯瞰し、これを「考え方の視界をそろえるためのセオリー」として理解しておけると、変化を予知し対応できて非常に効果的です。もちろん、この考え方が絶対的なものではなく、このセオリーとは異なることに力点を置くことは必ずしも誤りではありません。ひとつの典型的な事象と課題と対応のサンプルとしてご理解ください（図1）。

1. 企業視点のゴール
2. 誰に？（顧客理解）、何を？（顧客価値）、どのように？（4P施策）の重点的な取り組み
3. 注視する指標
4. よくある組織課題

　1.は、各事業フェーズで最終的に達成したい企業視点のゴールです。マーケティングは、企業視点と顧客視点の目的の両方を行き来することが大切ですが、顧客視点のゴールは商品・サービスごとに異なるため、決まりきった記載はできません。

図1　事業フェーズ別の考え方・判断基準の全体像

	フェーズ1 事業立ち上げ期 0→1	フェーズ2 事業成長の前期 1→10	フェーズ3 事業成長の後期 10→100	フェーズ4 事業の成熟期・ 再生期
企業視点の ゴール	製品の 市場適合 (PMF)	ユニットエコノ ミクスと売上 拡大の両立	顧客数増加と 顧客単価向上 の相乗効果	市場競争力と 収益性の回復
誰に? 顧客理解の 力点	購入顧客 (選ばれる理由)	継続購入顧客 (選ばれる理由) 検討後に未購入 顧客 (選ばれない理 由)	新しい顧客層 (選ばれる理由 の新視点) 継続購入顧客層 (追加購入需要 ある商材)	離反顧客層 (他社スイッチ の理由/自社復 帰するトリ ガー)
何を? 顧客価値の 力点	基本的な価値 →選択候補に入 る理由 独自性の価値 →価格以外で選 ばれる理由	基本的な価値 →選択候補に入 る理由 独自性の価値 →価格以外で選 ばれる理由	顧客価値の市場 規模=定量検証 を意識 *目標シェア上 昇のため	顧客価値の見直 し *市場競争力回 復のため
どのように? アプローチ/ 4P施策の 力点	強い顧客満足を 得るため、顧客 理解を深めなが ら、商品・サー ビスを磨き込み	顧客獲得コスト とLTVをバラ ンスさせ顧客獲 得数増 LTV向上のため 顧客体験の改善	顧客数増に向 け、顧客層と顧 客価値の複線化 顧客単価向上に 向け、商材追 加、購入頻度の 向上施策	事業・ブラン ド・商材・施策 のすべての単位 で、成長性と収 益性を精査し、 投資リソース配 分を見直し
注視する 指標	定量的な指標管 理の重要度と実 効性が低い フェーズ	ユニットエコノ ミクス (LTV÷CAC) LTVに効く継続 顧客率	事業・商材の市場 規模 (TAM/SAM/ SOM) 市場シェアと購買 プロセスKPI (業 種により変動)	事業・ブラン ド・商材単位の 成長性と収益性 施策単位のROI (見直し精査)
よくある 組織課題	エース人材に業 務負荷集中	事業拡大に伴う 兼務増加で業務 の質が低下	商材及び施策の 増加に伴い担当 が分散し、連携 不足になりがち	分散していた事 業・商材別担当 を機能別に集約 再編成

そのために、2.では顧客視点から「誰に？（顧客理解）、何を？（顧客価値）、どのように？（アプローチ／4P施策の力点）」でそれぞれの固有解を求める想定になります。ここで本書で汎用的な答えを示す術はないのですが、「どう考えると各フェーズの成果につながりやすいか？」の道筋を考える手がかりにはなるかと思います。

　3.は、各事業フェーズで注視する指標です。よくいわれるKPI（Key Performance Indicator）は「重要業績評価指標」で、それぞれの企業で定義されて運用されています。

　ただし、この解説では企業視点のゴールに対して汎用的で重要なものに絞り、KPIとはあえて呼ばない区別をしています。KPIは事業単位で個別性が高い要素も多いため、それぞれが現場で知恵を絞るところです。

　4.は、各事業フェーズのマーケティングチームでよく起こる組織課題です。課題は認識していても起こるものなので、すぐに解決できるとは限らないのですが、あらかじめ俯瞰して知っておけば「あぁ、来たなこれか」という具合で慌てることなく認識し、対処できるようになります。

┃ 複数の事業フェーズのゴールは同時に追わない

　これらのセオリーの型を知り、組織で共通言語として浸透させる効用は大きいです。せっかくの努力が成果に結びつかない判断の大外しを減らし、成果を底上げするものになります。

　また、リーダーが示す方針をチームのメンバーがスムーズに理解し、組織に浸透することを補助する効果もあります。メンバーが原理原則を理解していれば、リーダーの深い意図を汲めるようにな

り、スムーズな連携も成果も生まれやすくなります。

　事業フェーズの区切りの注意点ですが、一般論として、**組織や人は同時に複数のゴールを追いかけるような複雑なことはうまくやれません。組織が大きくなるほど、ひとつのゴールの浸透すら難しいのが現実です。**そのため、複数の事業フェーズのゴールを同時に追うのは筋が良くないといえます。

　現在の事業フェーズのゴールを達成してから、次のフェーズのゴールに向けて取り組みを変えるという手順が基本です。もし先取りで同時に複数のゴールを追うのであれば、組織のリソースや意識が分散し、焦点がずれてしまうことに注意してください。

　もし、読者の皆さんが型から外れる判断をするときには、そこにあえてこだわる理由、市場顧客の個別性を加味した判断理由を自問自答してみてください。もし、あなたが型を外して意思決定する明確な理由を持っているならば、それは筋の良い型破りの可能性もあります。

[フェーズ1]

事業立ち上げ期（0 → 1）の考え方・判断基準

企業視点のゴール

　フェーズ1の事業立ち上げ期に企業が目指すべきゴールは、ベンチャー〜スタートアップ界隈ではPMF（プロダクトマーケットフィット）と呼ばれる「製品の市場適合」です（図2）。これを平易な言葉で説明すると「顧客が満足する商品・サービス（小売なら売り場）体験を、それを強く求める最適な市場・顧客に提供できている状態」といえます。

　なぜ、このPMFの達成が重要なのでしょうか？

　そもそも投資リソースが少ない企業であれば、PMFをしないもの＝大して売れないものなので、事業が立ち上がることすらありません。そして、そのまま大して売れることなく消滅してしまうのが、新しい事業や商品・サービスの大半です。

　しかし、危ないのは投資リソースが豊富な企業の場合です。投資リソースが豊富で小売に対して影響力の強いメーカー企業であれば、広告・販売・営業など組織が蓄積した力やお金の投資によって「顧客が満足できない商品・サービス」水準であっても、期待が高く持てる見せ方と売り方ができてしまうと初回の購入は獲得できることがあります。

　しかし、商品・サービスの体験が悪くリピート率が低ければ、継続顧客が蓄積していく売上構造になりません。そして、悪い評判の

図2 フェーズ1:事業立ち上げ期（0→1）の考え方・判断基準の概要

	フェーズ1 事業立ち上げ期 0→1
企業視点の ゴール	**製品の市場適合 (PMF)**
誰に? 顧客理解の 力点	● 購入顧客（選ばれる理由）
何を? 顧客価値の 力点	● 基本的な価値（選択候補に入る理由） ● 独自性の価値（価格以外で選ばれる理由）
どのように? アプローチ／ 4P施策の 力点	● 強い顧客満足を得るため、顧客理解を深めながら、 商品・サービスを磨き込み
注視する 指標	● 定量的な指標管理の重要度と実効性が低いフェーズ
よくある 組織課題	● エース人材に業務負荷集中

口コミが蓄積していくと、さまざまな新規顧客獲得の施策での
CVR（顧客転換率）が落ち、新規顧客獲得コストに悪影響を与え、
巨額の広告費をかけても売上が伸びないという赤字体質の商品・
サービスになってしまいます。

**PMFする前に、下手に大規模な新規顧客獲得の投資をすると、大
きな赤字を招き、事業の死期を早めるリスクがある**ことを認識して
おきましょう。

顧客に話を聞くことが最重要

このフェーズでもっとも大切なのは、実際にお金を出して購入し
てくれた顧客に話を聞き、商品・サービスの顧客満足度を徹底的に
追求することです（図3）。どれだけ優れたマーケティングチームで
あっても、商品・サービスの持つ価値を超えた事業成長は得られま
せん。

この商品・サービスのつくり込みこそが、その後のビジネスの成
長角度や規模の限界を決めてしまう根幹の要素となります。大した
満足をつくれない商品・サービスをがんばって売ると、前述のよう
に継続購入が起こらず、あとで大きな赤字を生み出して事業の持続
性がなくなるのが常です。

大切なのは、**自社の商品・サービスに価値を見いだし満足につな
がった顧客の気づきや使い方を、他の顧客でも再現するための取り
組み**です。仮に同じ商品・サービスであっても、コミュニケーショ
ン訴求によって購入時に抱かせる期待の内容や水準でも満足は変わ
りますし、顧客が「効果実感が得られやすい正しい使い方」を実践
できるようなアシストも大切です。

たとえば一般的に洗顔フォームは、正しくしっかり泡立ててから

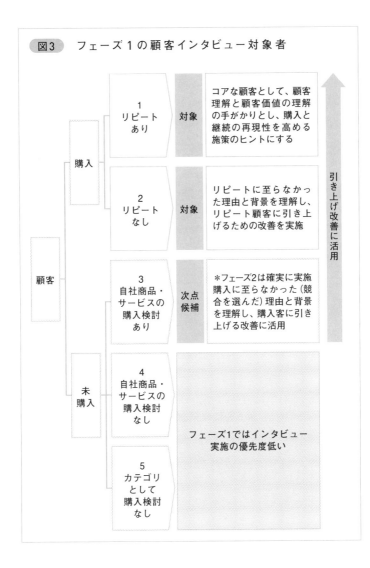

図3 フェーズ1の顧客インタビュー対象者

顧客

購入
- 1 リピートあり 対象 — コアな顧客として、顧客理解と顧客価値の理解の手がかりとし、購入と継続の再現性を高める施策のヒントにする
- 2 リピートなし 対象 — リピートに至らなかった理由と背景を理解し、リピート顧客に引き上げるための改善を実施
- 3 自社商品・サービスの購入検討あり 次点候補 — ＊フェーズ2は確実に実施 購入に至らなかった（競合を選んだ）理由と背景を理解し、購入客に引き上げる改善に活用

未購入
- 4 自社商品・サービスの購入検討なし
- 5 カテゴリとして購入検討なし

フェーズ1ではインタビュー実施の優先度低い

引き上げ改善に活用

洗顔するかどうかで、商品の使用実感は大きく変わり、顧客の満足と継続購入率も変わります。そのため、顧客に正しい使い方を届けるアシストも、商品・サービスの価値をつくることのひとつです。良い商品・サービスの中身に注力するだけでなく、顧客が効果や満足を感じられる環境をつくる、再現性を高める、演出することも大切です。

顧客の期待と実際の体験のギャップを調整する

顧客満足とは「事前に抱いた期待値」から「実際の体験」を引いた差分といい換えることができます。買ってほしい気持ちのあまり「実態を超えた過剰な期待」を持たせることは、顧客の不満足を招きます。

そのため優れた販売スタッフや営業パーソンは、顧客の期待を高めるコミュニケーションとともに、購入後の顧客体験とギャップがないように、あえてさりげなく期待を下げて調整するような繊細なコミュニケーションを怠りません。

理想的な流れは、**購入前には実際に体験したときに実感できる顧客価値の期待を抱かせるコミュニケーションを実施し、購入後はその商品・サービスの顧客体験が事前の期待値を上回り、顧客にプラスアルファをもたらすこと**といえます。その上回った差分は、顧客のポジティブな驚きとなり、他者への推奨の声にもつながります。

しばしば、購入検討時に魅力的に映って決め手となる顧客価値と、購入後に顧客が本質的に満足する顧客価値がずれてしまう商材もあります。レストランや高級車など心理的な価値要素の比重が高い嗜好品に多いのですが、実際に商品・サービスを体験しないとよ

くわからないし、言語化しても伝わりにくい魅力を持つようなものです。

　この場合は、購入検討時に期待させる顧客価値と、実際の商品・サービスを体験した際に享受する顧客価値がずれて変化していくことを許容し、実態に沿って捉えて購入前と購入後の接点でコミュニケーション内容を使い分ける柔軟性も大切です。

定量的なアンケート調査の有効性は低い

　顧客価値を理解して設定する際に気をつけたいのは、この事業フェーズでは定量的なアンケート調査の有効性が低いということです。定量的なアンケート調査は、何かしらの顧客価値となるコンセプトやスペック仕様に対する、顕在化したニーズの広さを定量化するには便利なものです。

　ただ、フェーズ1のPMFを目指す商品・サービスは、市場の多くの顧客に幅広く愛されるような高い市場シェアを目指す必要はありません。むしろアンケートには表れにくい「私はこれを心待ちにしていた！」というような支持の強さの熱量がある領域を探るほうが、勝ち筋になることは多いものです。

　すでにニーズが多数派となって顕在化した要素への対応は、業界大手の先行している競合が満たしていることが多く、より少ないリソースで戦う新規参入者が同じような顧客価値を掲げても負けてしまうことが大半です。

　これを覆す例外は、競合より大幅に安く提供しても収益が出るような、特殊なコスト構造のイノベーションを内包している場合です。あるいは、先行する競合より大幅に上回る価値を提供できるイノベーションの種があり、近いうちに水をあける見込みがあるな

ら、参入する意義があるでしょう。

ニッチであっても勝ち筋を見つける

つまり、フェーズ1では「ニッチになることを恐れすぎない」ことが大事です。市場の大多数のニーズを満たすのではなく、市場の少数派でも良いので強く支持してくれる顧客を見つけ、そこに最適化して強みを磨き上げることに集中しましょう。

最初はニッチであっても、徐々にその顧客価値を市場に啓蒙していくことで、あとで大きな市場シェアを獲得する方法もあります。リソースに制約がある企業のフェーズ1での理想のPMFとは、最初は少数派の支持を受けるニッチな存在でも、のちに市場ニーズが増えていく流れの勝ち筋を見つけることにあります。

皆さんがよくご存じのiPhoneもその道をたどっていますし、いち早く自動車の電動化で大量生産するEVに目をつけたテスラは、現在では世界的なEV需要拡大とともにビジネスを急拡大させています。

AppleのiPhoneも、テスラのEVも、最初は競合の既存大手メーカーが危機感を覚えることもないようなニッチな商品だった黎明期があります。むしろ、そのほうが競合大手の対応が出遅れるので都合が良いくらいです。

顧客の熱量ある反応を探るには、実際の商品・サービスを検討し、購入した顧客へのインタビューが最適です。この事業フェーズでは量が質を担保するという判断が重要で、プロのインタビュアーでなくとも、顧客に直接聞くことを頻度高く繰り返すことが有効です。
BtoB事業であれば営業シーンも多いと思いますが、営業商談は

売り込むだけでなく、顧客のニーズと自社の商品・サービスへの評価を取得するインタビュー機会そのものです。事業とマーケティングの舵取りをする責任者は、営業機会を顧客理解と顧客価値を深めるインタビュー調査と思って、ぜひ場数を増やしましょう。

顧客との会話とは、いい換えれば、顧客価値の訴求コミュニケーションのＡ／Ｂテストです。このフェーズの関係者は、商品・サービス説明のすべての会話がＡ／Ｂテストだと思って、相手が社内メンバーでも顧客でも、会話で伝えた商品・サービスの魅力訴求への理解度や惹かれ度合いを細かく観察する繊細と、毎回軌道修正を繰り返すようなスピードが大切です。

　店舗のビジネスであれば、店舗への集客や最適な棚配置、商品の仕入れ選定と配置、接客コミュニケーションなど、創業から軌道に乗るまでは、そのすべてがＡ／Ｂテストといえます。すべての施策で少しでも顧客に選ばれ、満足してもらえる勝ち筋を探しつづけ、その施策改善の掛け算が積み重なることで、いつしかPMFと呼べる水準になります。

▌小回りのきく組織体制でＰＭＦ達成を目指す

　PMF達成は、施策の軌道修正を繰り返す業務サイクルの回転速度と試行錯誤の数こそが肝となるため、小回りがきく組織体制を重視しましょう。PMFする前に無駄に組織の人数が増えると、組織のスピードが落ちるだけでなく、組織の固定費も膨らみ、PMFするまで毎月燃えてしまう費用が増え、PMFにたどりつかずに事業撤退となるリスクまで高まってしまいます。

　小さく生んで、大きく育てるのが事業の原則です。大手企業で社長肝いりのプロジェクトが立ち上がると、しばしば最初から大量の

第4章 事業フェーズ別の考え方・判断基準

お金と人を投入するケースを見かけますが、これは自らPMFを遠ざける行為です。大量のリソース投資をするタイミングは、PMFしてからと注意しましょう。

最後に、フェーズ1のゴール達成資格となる「PMFを達成した確証・定義」についてです。これは定番の質問ですが、何らかの定量化数値をもってデジタルで判断することは難しく、ナンセンスだと感じます。なぜなら、業態や価格帯によって、販売接点での顧客転換率や継続購入率の標準的な水準も大きく異なるためです。

あえていえば、顧客獲得の販売接点において、業界標準以上のCVR（顧客転換率）を確保できていれば上出来です。まだ信用のない事業立ち上げ期において、業界標準のCVRを達成するのは容易ではありません。

また質的な水準でのPMFを考えると、**購入した顧客が明確に顧客価値を感じ、一定数の継続的購入と他者への推奨行動が発生していればかなり良い現象**といえます。顧客から感謝の言葉が聞かれるようになり、実際に購買行動も伴っているころには「これはPMFなのか？」という疑いも晴れてきているかと思います。それくらい、手応えの温度感は重要です。

注視する指標とよくある組織課題

フェーズ1では、定量的に注視すべき指標の重要度は相対的に低いです。あえていえば、フェーズ2でも注視すべき「販売接点でのCVR（顧客転換率）の高さ」と、「購入後の継続購入顧客の発生率」が挙げられます。

また、このフェーズの組織は、とにかく創業者のようなエース人材に業務負荷が集中するという課題もあります。これは人数や人材

が不足しがちという話でもありますが、初期のPMFまではすべて
を掌握したエース人材が属人的に迅速に実行するのは、判断精度と
推進速度が上がることもあり、必ずしも悪い話ではありません。こ
のフェーズで無駄に人を増やして、業務を分散させていくと、か
えってやりにくいこともあります。

[フェーズ1]
事業立ち上げ期の落とし穴「貧乏暇なしに陥る」

▌忙しいのになぜ儲からないのか

世の中の多くの企業で、残念ながら「仕事が忙しいのに、儲からない」という課題が発生しています。経営者がつらいだけでなく、社員の給料も上げようがない、シビアにいえば事業にかかわる全員が将来に希望を持ちにくい事業構造にはまり込んでいます。

収益性が低く儲からない事業は、将来に向けた投資もできないので、経営として選択肢が狭まり、良いことは何ひとつありません。

何も「儲からない事業に価値がない」、「かかわる人は全員不幸」だと見下したいわけではありません。ただ、儲かったほうが、より顧客価値を高めるなど社内外の関係者の幸福度を上げる投資ができます。一方で、創業時は巨額の資金調達をするような一部のスタートアップや、大企業の子会社でもない限り、大半の会社は投資のリソースが少なく限られています。

その投資リソースとそれが不足している状況をかみ砕くと、主に以下があります。

• 人（施策実行を担う人の絶対数が少ない）
• モノ（製造設備や高度で高額なソフトウェアがない）
• 金（広告を打つお金がない）
• 販路（自社以外で販売してくれるチャネルがない）

いろいろと無い無い尽くしで競合企業に劣る状況で、自社を選んでもらうという「ウルトラC」を繰り出さないといけないのが、事業立ち上げ期の難しさです。その限られたリソースのなかで、創業間もなく、既存の競合や大手に比べて知名度や信頼が劣る会社が市場で選ばれるには、乱暴に分ければ2つしかありません。

- 価格の安さで勝つ
- 上位競合ブランドとは異なる顧客価値をつくる（差別化）

　この戦い方を定め、セオリーに沿った戦い方を積み上げていかなければ、貧乏暇なしの事業になってしまいます。当たり前すぎる話に聞こえると思いますが、儲からない企業の大半はここでつまずいているのです。

┃「価格の安さで勝つ」のに儲かる事業の条件

　多くの企業が創業時に選びがちな「価格の安さで勝つ」には、大きな落とし穴があります。それは「構造的に安く提供できる仕組みがなければ、売れたところで儲からない負のサイクルに陥ってしまう」ことです。
　しかも、安売りでも儲かる構造がない安売りは収益性が低いため、既存大手の競合企業が低価格攻勢で攻めてくると、売れなくなってあっさりと事業は潰れてしまいます。

　では「構造的に安く提供できる仕組み」とは何でしょうか？　それは大きく3つあります。

- **調達の優位性**：「牧場直営の焼肉屋」のように、仕入れ調達において、良い商品を他よりも持続的に安く買える仕組みを持つことで、顧客にも安く提供できる仕組み

- **技術革新による原価低減**：楽天モバイルの「携帯電話ネットワークにおけるソフトとハードを分離する仮想化技術」のように、先行する大手携帯電話キャリアよりもコストダウンして提供する技術革新を持ち込むことで、安く提供できる仕組み（ただし執筆時点では、同事業はまだ赤字のため予断は許さない状況と見ています）

- **事業規模拡大後にコストダウンできる事業モデル**：ラクスルの「ワンコイン500円の安値名刺印刷」のように、はじめは極端に安売りしてシェアを伸ばし、のちに顧客が増え事業規模が拡大したら、規模の経済でコストダウンして収益を得る……という見立てから逆算して安く提供する仕組み（ただし、大規模な資金調達をしないとキャッシュフローは成り立たないため一定のリスクがあります）

　価格の安さで勝負する企業の大半は、これらの仕組みを持たないのに安値で売り、社員の給料と会社の収益が削られ、疲弊していきます。

安値で勝負できなければ
独自性ある顧客価値をつくるしかない

　安値を実現する仕組みを持たない企業ならば、「上位ブランドとは異なる独自性がある顧客価値をつくる」ことを志向し、安売りを

せずに買ってもらう戦い方をしなければ収益が得られません。創業から間もない企業でも、顧客から見て独自性の程度が大きく、その違いが魅力的であるほど、価格が高くても買ってもらいやすくなります。

　もちろん自社の商品・サービスの独自性を評価する顧客層を見極め、リーチしていく施策と技術は必要にはなりますが、安売りで選ばれるわけではないため、収益が出やすい事業構造がつくりやすくなります。利益が出るようになれば、さらに顧客価値を高める投資ができ、市場競争力が高まる好循環が生まれますし、社員の給料を高めることもできます。

　独自性をつくる切り口はいろいろあり、それこそがクリエイティビティそのものですが、大別すれば3つの考え方があります。この3つは排他的ではなく、重複もありえます。

1. ターゲット層〜市場を絞り込み、そこに最適化した顧客価値をつくる

2. 商品・サービスの提案〜販売〜提供〜アフターサービスなどのプロセスで、他社ではできない（もしくはやっていない）ことを埋め込む

3. 既存競合が参入しようとする場合、自らが提供してきた商品・サービスの自己否定につながってしまうような価値観の商品・サービスを提供する

　それぞれ具体事例を解説していきます。

独自性のつくり方　その1：絞り込む

　1.は、たとえば顧客をマスではなく大手が狙わないようなニッチな顧客層に絞り込む、対応するニーズを絞り込む、販売する地域を絞り込むなどし、その絞り込んだ要素ではどの企業よりも深くすばやく応えて選んでもらうといったことです。

　B to B事業であれば、たとえば中小企業でITリテラシーが低めの層を顧客企業とし、リテラシーが低くても理解しやすい言語表現やユーザーインターフェースなどで商品・サービスの設計をつくり込んだり、導入しやすい料金体系や初心者向けサポートを展開したりすることです。

　これは、競合が大手企業に最適化しているなら、一定の支持を獲得できます（余談ですが、企業のマーケティングを支援する業界も、本当に実効性の高い技術を持ちながらも、リテラシーが低い企業に最適化した会社は少ないです。そのため、ビジネス機会があるように思えます）。

独自性のつくり方　その2：希少性の発揮

　2.は、大手企業の調達規模や製造プロセスでは実現できない、実現しにくい価値と品質の追求が挙げられます。たとえば、規模が大きすぎる企業では規格化〜工業化されていて大ロットでしか受け付けないような工程を、自社では手作業で柔軟に対応し、小ロットでも受注して細かなニーズに応えるといったことです。

　他社からすると効率が悪いので手を出せないけれど、自社にとっては収益になる方法を見つけるのです。こだわりの小規模なコーヒー店が、スターバックスの規模では量がまかなえないため使えない、高品質な特別なランクのコーヒー豆を原料に使うのも、これに

該当します。

　商品のハードウェアそのもので差別化できないB to Bビジネスや、高価格なB to Cビジネスの場合は、その提案プロセスや導入時のカスタマイズ対応、導入後の支援サポートの手厚さで独自性を持たせることもあります。

　高度な商品知識や高いホスピタリティで鍛え上げた少数精鋭のサービススタッフがいる（スタッフ数が少ないからこそ集中的に育成がしやすい）といった、属人性の高い独自性を打ち出す方法もあります。

　ただし注意すべきは、独自性を発揮している方法自体が、事業拡大しにくいボトルネックになってしまうことです。たとえば、少数だからできる高いレベルの人材や職人技での差別化は、拡大のボトルネックになる典型例です。

　ミシュランの星を獲得するようなレストランは、味の面でその他のレストランと大きく異なる独自性がありますが、それだけ手間ひまをかける職人を育成するのは簡単ではなく、いきなり大量出店できるわけではないということです。

独自性のつくり方　その３：
先行者が自己否定できないこと

　3.の例をB to Cで考えると、たとえばシリコンと呼ばれる合成高分子化合物を成分に配合したシャンプーを大量に販売してきたメーカーに対し、新興勢力メーカーはそのようなシリコン成分を否定し、「ノンシリコンシャンプー」と謳った新しい商品を展開することなどが該当します。

　この場合、現在シリコン成分入りの商品で多くの売上を上げてい

るメーカーは、ノンシリコンシャンプーの市場に容易に参入できません。シリコン成分を否定する価値観に基づくので、自社製品の否定につながり、非常にデリケートな扱いになるはずです。

　B to Bであれば、顧客企業ごとにメインフレームのコンピュータ・サーバーを納品し、それぞれカスタマイズしたソフトウェアを稼働させて運用支援しているシステム構築会社（SIer）に対して、顧客企業にサーバーなどのハードウェアを納品せず、クラウドでソフトウェアサービスを提供するSaaSと呼ばれる事業を展開する企業には独自性があります。

　前者のような方法に最適化した既存企業は、後者の方法を頭では理解しても、価値観とビジネスモデルが大きく異なり安易に転換できないため、これは既存プレイヤーの弱みをついた独自性だといえます。しかも、クラウドでのソフトウェア提供は今後の市場のメガトレンドとしてさらに拡大していくので、市場カテゴリの拡大自体が、早期にクラウドに振り切った企業の市場シェア拡大を大きく後押しすることはいうまでもありません。

▌フェーズ1の落とし穴を避けるポイント

　事業を小さく生んで、大きく育てる際の一番の成功パターンとは、参入した市場で顧客から新しいサブカテゴリと認識される大きな独自性を打ち出し、市場に対してその独自性がいかに優れているかを啓蒙し、徐々にそのサブカテゴリへの需要自体がメジャーなニーズへと育てていくパターンです。

　リソースの少ないフェーズ1では、その投下量で勝つことができません。この事業立ち上げ期での戦い方のパターンは、低価格で提

供し続けても儲かる仕組みがない限り、このように「独自性ある顧客価値」を志向することが必須だと覚えておいていただければと思います。事業立ち上げの初期に、この設計を誤ると、大きな負債を背負ってしまいます。

　フェーズ1の落とし穴を避けるポイントをまとめると、「価格の安さで勝つ」ならば持続的に安く提供できる仕組みが必須。それがなければ「上位ブランドとは異なる独自性のある顧客価値」をつくることです。

［フェーズ2］
事業成長の前期（1→10）の考え方・判断基準

■ ユニットエコノミクスと売上拡大の両立を目指す

　フェーズ1でPMF（製品の市場適合）の感触を得たら、フェーズ2に進み、ユニットエコノミクスと売上拡大の両立を目指します。業種によって数字は異なりますが、売上でいえば1億円から10億円を目指すステージというレベル感がイメージしやすいと思います。

　ユニットエコノミクスはスタートアップ業界では定着しつつある概念ですが、それ以外では耳慣れないかもしれません。顧客、商品・サービス、店舗など、何かしらのユニット単位で事業の経済性を表す指標のことです。

　一般的に企業全体の経済性の評価は、損益計算書（P/L）と呼ばれる、収益・費用・利益を1年や四半期といった期間で区切った総合的な結果として記載されています。

　しかし、**期間で区切ってまとめた断面で数値結果を見てしまうと、期をまたいで投資回収することも多いマーケティング施策投資の判断には不具合が多く、「この期に投資した顧客獲得コストは、いつまでに、どの程度の利益としてリターンがあるのか？（もしくは利益が出ずに赤字なのか）」といったもっとも大切な問いに対する答えが得られません。**

　そのためマーケティングの世界では、一般的にユニットエコノミクスを「顧客」単位で捉え、期をまたいで経済性を把握する指標として活用されることが多くなります（図4）。

図4　ユニットエコノミクスの判断と対応

○ ユニットエコノミクスが
　成立している状態

LTV　　>　　CAC
(顧客生涯価値)　　(顧客獲得コスト)

投資したら利益回収できる状態

● LTVの未来の推計は変動
　要素
● 投資回収期間の資金繰り

などのリスクを理解したうえで、顧客獲得投資のアクセルを踏み、新規顧客獲得数を増やす方向性

× ユニットエコノミクスが
　成立していない状態

LTV　　<　　CAC
(顧客生涯価値)　　(顧客獲得コスト)

投資しても利益回収できずに
赤字が拡大する状態

● LTVを高める
● CACを下げる

取り組みを実施し、ユニットエコノミクスが成立するのを待ってから、もしくは、近い将来のユニットエコノミクス成立を想定で見込み、顧客獲得投資のアクセルを踏んでいく

＊後者はリスクが高いことに注意

ユニットエコノミクスを注視する

　顧客単位のユニットエコノミクスは、「LTV（顧客生涯価値）÷ CAC（顧客獲得コスト）」で算出されます。LTVが2万円でCACが 1万円ならば、1万円の投資で2万円の利益のリターンが得られる、 200%リターンの投資という理解になります。逆に、LTVよりCAC

が高ければ、投資すればするほど赤字が拡大していきます。

　そのためフェーズ2において大切なのは、ユニットエコノミクスを注視して「LTV＞CAC」の状態を確認、もしくは近い将来にその状態に持っていける見込みの感触を得たうえで、新規顧客獲得の投資でアクセルを踏んでいくことです。

　財務視点でいえば、回収期間も重要です。回収期間が長ければ、その長さに耐えられるだけの手持ちのキャッシュ残高など資金繰りのハードルも上がり、資金調達も考慮に入れる必要があります。

　フェーズ2では、マーケティングの投資判断を誤ると、数年後に投資したキャッシュが回収できず、資本を燃やして終わるというシナリオがありえるため、マーケティング責任者とCFO（財務最高責任者）の意思疎通が非常に重要になりますし、現場のメンバーもその概念と数字を理解しておくことが望ましいです。

┃ LTVは目標値含みで推定・算出する

　LTVの数字を出す詳細な方法までは本書では解説しませんが、LTVは算出の期間を決め、その期間における売上から売上原価を引いた「売上総利益（粗利）の累積で算出する」ことを推奨します。

　ただ、新しい事業の立ち上げでは、まだ事業の年数が経っていないので「顧客が生涯でもたらす価値」などわかるはずがありません。実際の現場では、顧客の取引単価、粗利率、購買頻度、継続購入率を実績値で確認しつつ、その顧客が将来にわたって取引が継続するであろう数字を目標値含みで推定・算出していくことになります。

　LTVが伸びる推定の数字をどの程度強気で設定するかは、その企業の資本調達力を含めたキャッシュの余力と、経営としてのリスク

138　#マーケティング思考

に対する考え方次第です。世の中には、大胆なリスクテイクで「のちにLTVが伸びて辻褄が合うはず」と投資し、大きな収益リターンを得た成功企業はたしかにあります。

しかしその陰では想定通りにLTVが伸びず、CACが想定以上に高騰し、ユニットエコノミクスが改善せずにキャッシュを使い果たして行き詰まった企業もたくさんあります。ただ、失敗事業は成功例ほど報道されないため、その読み違いの失敗から得た経験値が世の中で流通することはほとんどありません。

▍LTVが重要な時代

事業環境のメガトレンドとして、多くの業界で競争が激しくなり、CACが高騰した結果、LTVを高めないと採算が合わない業界が増えています。

これが何を意味するかといえば、**LTVを高めるためには商品・サービスの体験の良さで継続購入率を高めることが大切なため、「良い商品・サービスと顧客体験をつくる（もしくは小売なら仕入れる）」という本質的なマーケティングをしてLTVを伸ばさないとユニットエコノミクスが成立しない業界が増えている**ということです。

コミュニケーション施策の広告運用のような短期的なテクニックだけで事業を伸ばせる期間と機会は、著しく減っています。たとえば民間のPCR検査サービスなどの急速に立ち上がった需要対応で、短期間で大きく勝ち、需要が消滅したり競合が増えたりしたら手じまいするようなビジネスでは有効ですが、持続的な事業成長には商品・サービスの改善で本質的な顧客価値を高めることが欠かせません。

ユニットエコノミクスの話になると「当社の業種では、デジタルマーケティングが主軸ではないので、厳密なコストをはじくことが

できず、意味がありません」という反応をされることがよくあります。たしかにすべての顧客獲得と決済がデジタルで完結するビジネスならば、顧客一人ひとりのすべての獲得コストとLTVを算出するためのデータを容易に取得でき、理想の運用が可能です。

しかし、それらの数値取得が難しい業態でも、代替手段として、何かしらの数字を調査で手に入れてラフに推計することはできます。さらにいえば推計すらできなくても、この概念を通してマーケティング施策改善の力点を理解でき、的外れな努力を減らせます。

厳密なデータ取得と算出が難しい場合でも、ユニットエコノミクスの概念を理解することは重要です。

ユニットエコノミクスが成立しているか否かで企業の未来は変わる

筆者は成長意欲の高いスタートアップだけでなく、比較的保守的な大企業ともマーケティング支援でかかわる中で、両者のマーケティング投資判断の最大の違いは、このユニットエコノミクス概念の理解と活用だと感じます。

成長意欲が高いスタートアップ企業は、ユニットエコノミクスの成立が見えたならば、場合によっては目先の数年は赤字を掘ってでも事業拡大に向けた投資を振り切ります。赤字を掘るほど極端ではなくとも、ユニットエコノミクスとして成立しやすい施策や方法論に投資を組み替えるなど、パフォーマンスの良い施策への投資金額を柔軟に積み増していきます。

しかしこの理解が弱い企業の場合、マーケティング施策の投資は「前年度売上の○○％」といった硬直化した暗黙のルールで予算が形成されています。さらに悪いと、施策種別の投資配分も既得権益

化して固定化し、リターンの少ない施策に過剰投資をしたり、実は投資のアクセルを踏めばしっかりと事業成長する施策への投資強化の機会を逃したりするケースもあります。

ユニットエコノミクスはスタートアップ企業に限らず理解しておき、可能な範囲で数字化して、経営までが認識しておくべき概念であり指標だといえます。

ユニットエコノミクスの見通しが立たないまま、顧客を獲得する投資を拡大することは、自ら事業の死期を早める行為であることをぜひ覚えておいてください。目先の赤字を掘っていて同じような業績に見えても、ユニットエコノミクスが成立しているか否かで、その先に待っている未来はまったく異なります。

検討したが買わなかった顧客への理解を深める

フェーズ2における「誰に？　何を？　どのように？」の重点的な取り組みを解説します（図5）。フェーズ1に追加して実施すべきことは「購入を検討したが買わなかった顧客」の理解と対策です。

その顧客層は、何かしら一定の顧客価値を期待したことで検討に至っています。そのため顧客価値を磨くだけでなく、**購入意思決定にあたって障壁となった懸念要素を理解し、それらの不安を解消し、「買われない理由」を減らしてCVR（顧客転換率）を高めていくことも重要**になります。

強みを伸ばすだけでなく、可能な範囲で弱みをつぶすことの重要度が上がるのがフェーズ2です。それらの弱みは、商品・サービスのスペック改良で軽減できるものもあれば、コミュニケーションによって軽減できるものもあります。

重点的に取り組むべきこととしては、LTVに大きな影響を及ぼす2回目の継続購入率と、CACに大きな影響を及ぼす施策単位での

図5 フェーズ 2：事業成長の前期（1 → 10）の考え方・判断基準の概要

	フェーズ2 事業成長の前期 1→10
企業視点の ゴール	ユニットエコノミクスと売上拡大の両立
誰に? 顧客理解の 力点	● 継続購入顧客（選ばれる理由） ● 検討後に未購入顧客（選ばれない理由）
何を? 顧客価値の 力点	● 基本的な価値（選択候補に入る理由） ● 独自性の価値（価格以外で選ばれる理由）
どのように? アプローチ／ 4P施策の 力点	● 顧客獲得コストとLTVをバランスさせ顧客獲得数増 ● LTV向上のため顧客体験の改善
注視する 指標	● ユニットエコノミクス（LTV÷CAC） ● LTVに効く継続顧客率
よくある 組織課題	● 事業拡大に伴う兼務増加で業務の質が低下

CPA（顧客獲得コスト）を見える化したうえで、獲得効率が良く継続購入率が高くなる顧客獲得施策を理解し、投資を寄せていくことです。

　継続購入率を高めるためには、商品・サービスそのものを良くすることを基盤に、コミュニケーション施策とカスタマーサクセス支援の連動も重要になります。

フィードバックループを確立する

　また、このフェーズでもうひとつ重要なのは、商品・サービス（もしくは小売店）における**顧客の利用実態と評価のデータを取得し続け、商品・サービスの改善を繰り返す「フィードバックループ」の確立**です。顧客の行動、購買や評価の情報を利用し、商品・サービスの仕様を永遠に調整・改善していくプロセスをつくることは、目には見えずとも強力な競争優位につながります。

　もちろんこの話は、たとえば継続的にデータが取りやすいネットにつながったプロダクトか否かなどの制約条件はあるのですが、業務サイクルが複雑化しないうちにフィードバックループのプロセスを埋め込み、それを回す習慣を組織に根付かせることができるかどうかは、フェーズ2の後半やフェーズ3のタイミングで、商品・サービスが持つ顧客価値の大きさと、それが生み出す売上を大きく左右します。

　このようなフィードバックループをもっとも細かくスピーディーに実施しているのは、ソーシャルゲームの世界です。ユーザーが無料で登録してゲームをスタートしてから、有料のアイテム購入への引き上げ率や、敵が強すぎてあきらめて離脱するポイントなど、時系列のユーザー行動を細かく定量的に確認し、常にゲーム内容を最

適化し続けることで継続率を高め、課金行動を増やしLTVを高めています。

データの取得のコストや頻度に限界がある業種も、可能な範囲でこのフィードバックループを早期につくることに挑んでみてください。「塵も積もれば山となる」で、細かな改善の掛け算が数年後には大きな成果の違いを生みます。

▌注視する指標とよくある組織課題

フェーズ2における注視する指標は、前述によるユニットエコノミクスに関わる指標群です。CAC（顧客獲得コスト）とLTV（顧客生涯価値）を分解した指標と、その関係性をマーケティングチーム全員で理解し、自分が取り込んでいる仕事が顧客価値をどのように高め、その結果としてどの指標を高め、ビジネス貢献を実現するものなのかを理解しておくことが大切です。

努力によって高める余地が大きいという意味で重要な指標としては、LTVに大きく影響を与える継続顧客率は重要です。一定期間内における2回目の購買か、2年目の継続など、それをどのように定義するかは事業特性に応じて考えるべきことですが、顧客として取引が継続しないものはLTVが伸びません。

フェーズ2の組織問題は、売上拡大に伴って、新しく立ち上げる施策や取り組みが増え、それに採用が追いつかずに社内での兼務が増えることが引き起こします。

過度な兼務や業務負荷が発生すると、各種施策の成果を振り返る指標の取得と分析が手薄になり、その丁寧な評価がなされないままに、マーケティング施策投資の判断が雑になり、投資額が増えた割に売上が増えないという階段の踊り場がやってきます。

昔に比べて、特にマーケティングのコミュニケーション施策領域はやるべき施策の手数が増え、外部委託先の連携数も増え、非常に忙しくなっています。そのため、売上が成長基調だと、つい施策投資のお金の使い方が雑になってしまうのです。後で蓋を開けてみると、成果が伴わない施策が散見され、見直しをかけていくのもよくある話です。

　こうした際はメンバーの兼務状況を解消し、しっかりと施策の成果のPDCAサイクルを回せるような人材の採用・育成という組織のてこ入れが欠かせません。投資金額の規模が膨らむほど、5〜10％のROIの差が積み重なり、半年後や1年後の事業コンディションを大きく左右します。

　特に経営陣やCFOからは、しっかりと安心されるような数字の伴ったコミュニケーションを心がけ、「マーケティングチームは金食い虫でブラックボックス」という悪評が立たないように注意しましょう。同じ業績でも、この経営陣やCFOからの信頼獲得の有無によって、今後引き出せる投資リソースの大小や機動性が変わってきます。

　マーケティングチームが経営層からの信頼を失うと、施策投資の決裁取得や成果フィードバックをやたら高頻度で求められるようになり価値創造のために使うべき時間を、社内管理のために使っていることが増えてしまいます。

　グロース Xの戦略アドバイザーである田岡敬さんの名言ですが「管理そのものは価値を生まない」ので、管理にかけるべきコストは、フェーズごとに最適なレベルを慎重に判断すべきです。

[フェーズ2]

事業成長の前期の落とし穴「資産とマネタイズが釣り合わずに組織が疲弊」

マーケティング施策の成果は「資産価値」との掛け算で決まる

ビジネスの世界には「売上を高めるマネタイズ施策の努力で疲弊している企業」と「疲弊が少ないまま、ヘルシーに売上を伸ばし続ける企業」があります。その差の理由としてはさまざまな複合要因があり、ひとつは本書の前半で説明した売上構造において「継続顧客の売上が毎年増え続ける」構図をつくれているかどうかにあります。

ここでは外からは目に見えにくい、もうひとつの要因であるビジネスにおける資産の視点で説明します。会計上の資産の定義にとらわれず「実際のビジネスにおいて、お金に換えられるもの」をビジネス上の重要資産と定義して説明します。

マーケティングの成果とは「何かしらの資産を、マーケティング4P施策でマネタイズしたもの」と捉えることができます。

無理やり公式化すれば、マーケティングの成果＝ビジネス上の資産の大きさ×マネタイズする4P施策の良さとなります。マーケティングで活用できる資産には、おおまかに次の3つが挙げられます。

- 実体資産（研究開発・技術力、製造力、組織力など）
- ブランド資産（対象市場で知覚認識されている、名前、ロゴ、顧客価値への期待、信頼などのイメージ）
- 顧客資産（既存顧客の数と質、見込み顧客の数と質）

売上に転換してマネタイズする4P施策は、上記の資産を活用して実行する行為であり、企業の現場では当然ながらそれぞれがベストを尽くしています。

　ただ、極端な例えですが、野原の土地という資産を人にお金をとって貸すのと、マンションを貸すのでは顧客獲得の労力や難易度はまったく違います。同じコミュニケーション施策や販売接点の施策でも、資産のレベルを上げるほど、顧客獲得と維持は容易になり、無理なストレスがかからずにマネタイズができます。

　もしも財閥系の大手デベロッパー不動産企業くらいのブランド力があるなら、「我々がこれから町ごとゼロから開発するので安心してください！」といえば、野原の土地でも売れるかもしれません。それはまさにブランド資産を使ったマネタイズです。

組織の疲弊は 「資産価値 ＜ マネタイズ目標」 が引き起こす

　事業にかかわっていると、今までと同じような熱意と品質で4P施策を展開しているつもりでも、順調に数字が積み上がって良い成果が出てくる時期があります。厳密な測定と因果関係の証明は難しいのですが、それはブランドや顧客体の資産が積み上がり、コンディションが良くなっているときだと推察できます。

　同じメールニュースひとつとっても、5000人の見込み顧客に配信するのと、3万人の見込み顧客に配信するのでは、得られる成果は当然違います。これこそが、資産が膨らんで得られる成果です。

　逆に、同じような4P施策を続けているのに成果が出ないなら、資産価値が劣化している、もしくは売上目標の高さに対して資産価値が追いついていないと推察できます。どれだけ質の高い4P施策を展開していても、資産価値が追いついていなければ階段の踊り場が

やってきます。

　資産価値以上の売上成果を社内に求め続けると、マネタイズ施策のROIは悪化し、顧客獲得コストが上がり、実態を超えた価値に見せて売ることになり、いざ売れても継続購入されない、評判も悪化という負のサイクルを誘発します。

　このあたりは金融資産の額が少ないのに、無理して高いリターンを得ようとすると、運用でハイリスクな無理をして、結果的に大きく損をしがちという話と非常に似ています。資産運用で大きなリターンを得るには、資産を太らせながら、リスクを適切にマネージしないと危ないのはビジネスも同じです。

自社のビジネス資産を定義し
売上成長の先行指標としてマネージする

　そもそも「何が自社の重要資産か？」という問いは、業態の特性もありつつ、企業ごとの思想と勝ちパターンで答えがかなり異なる個別解の世界です。たとえば「職人が手づくりする高品質なスイーツ」が独自性ある顧客価値になっている企業では、経営陣はスイーツの開発と製造を担う職人を重要資産とみなし、優先順位を高くして先行投資で採用し、育成にも相当な投資をします。

　その職人チームの組織能力＝資産が積み上がれば、質が高く迅速な商品開発ができるようになり、それが結果的に顧客にとっての魅力となって、最後は売上に転嫁するという想定です。

　資産は人の技術のような実体資産に限らず、ブランド資産もありますし、顧客資産もありますが、これらの定義と投資と測定に基づく運用の仕方で、大きく差がつくのは間違いありません。よくある

「我が社の資産は人です！」というメッセージ認識レベルではなく、次のレベルに引き上げるには、どのようなスキルレベルの人が何人必要か、そこから逆算して採用と育成を実施するには、いつまでに何をするか、という粒度での認識が必要です。

　ソフトウェアが主軸の企業なら「優れたエンジニアチーム」が資産であることが多いでしょう。顧客価値を高めて売上を伸ばすには、資産であるエンジニアチームの採用と育成は避けて通れません。もちろん、本書のテーマのひとつである「優れたマーケティングチーム」も、企業の業績を高める大切な資産で、事業成長の目標から逆算して採用と育成のアクションを実行する必要があります。

　会社が小さなうちは、経営者が目の届く範囲で資産の状況を目視で把握し、感覚的なさじ加減でマネージしていれば、センスの良い経営者なら大きくは間違えません。ただ、組織規模が大きくなるにつれて、経営トップが資産の状況と対応策のすべては見れなくなります。

　自分が**ひとりで見きれない組織規模の経営がうまくできる人とは、自社のビジネス資産の定義、投資、運用がうまい人であり、資産をメンテナンスする仕組みの構築に長けています。**成長が持続する会社は、資産の定義が明確なだけでなく、その資産レベルを向上させることが売上数値を追うのと同じくらいシビアなのが常です。

▍フェーズ2の成長前期で 大切なことと落とし穴を避けるポイント

　このフェーズ2の成長前期においては、マーケティングで売上拡大の成果を出すために、4P施策に力を入れるのも大切です。しかし、同時に資産を太らせる投資と取り組みを実行すれば、フェーズ2の成長だけでなく、この先のフェーズ3の成長後期における成長

拡大の潜在力が大きく高まります。数値化しにくい間接要素だけに忘れられがちですが、ぜひ事業ごとに重要な資産を定義し、継続的に資産を膨らませながら成果を出すマーケティングを目指してください。

　資産運用の視点からいえば、最悪のマーケティング施策とは、社会、顧客、社員からの信頼を目減りさせながらマネタイズする行為です。最たるものは、詐欺的な行為や訴求です。信頼資産を削ってしまうと、次から同じような施策をしてもどんどん成果はやせ細っていき、事業成長の持続性はありません。

　ここまでの落とし穴の話は、「マネタイズにアクセルを踏むな」という漠としたことがいいたいのではなく、**マネタイズのアクセルを深く踏むためにも、それと釣り合いが取れ続けるように資産投資にも注力すべき**ということでした。世の中で腕の良いマーケティング人材といわれる方々が皆、「資産とマネタイズ」といった言葉やフレームワークを使っているわけではありませんが、その両方をバランスよく、そして迅速に遂行する神業を備えています。

　まとめますと、落とし穴を避けるポイントは次の2点です。

- 「資産価値の大きさ＝マネタイズ施策の目標」の釣り合いが取れる状態を常に意識
- 売上拡大の計画に連動した、資産の育成投資計画を持ち、売上と同じ熱意で進捗をフォローする

[フェーズ3]
事業成長の後期（10 → 100）の考え方・判断基準

「顧客数の拡大×顧客単価の向上」の掛け算で売上を引き上げていく

　フェーズ2で、ユニットエコノミクスと売上拡大の両立ができたら、売上規模の拡大が進み、フェーズ3の事業成長の後期に入ります。業種によって数字は異なりますが、売上でいえば10億円から100億円を目指すステージというレベル感がイメージしやすいですが、高単価な商材ならば売上規模は1〜2桁ずれることもあります。

　フェーズを定義することの本質は、「ひとつのメイン商材」と「限られた顧客層と顧客価値」の組み合わせでの売上成長が鈍ってきたことへの次なる対応にあります。

　具体的なフェーズ2の末期の症状は、さまざまな施策の手を尽くしてもCAC（顧客獲得コスト）の上昇が見えてきて、新規顧客獲得の数や成長率に手詰まりが見えてきたといった事象です。逆にいうとフェーズ2で実施してきた、絞った顧客層からの支持でまだ売上が伸びるならば、その業界における自社の事業はまだ成長前期の段階だと捉えることができます。

　フェーズ3のゴールはもちろん売上・収益のさらなる成長ではあるのですが、その成長実現のアプローチがフェーズ2とは変わってきます（図6）。

| 図6 | フェーズ3：事業成長の後期（10 → 100）の考え方・判断基準の概要 |

	フェーズ3 事業成長の後期 10→100
企業視点の ゴール	顧客数増加と顧客単価向上の相乗効果
誰に？ 顧客理解の 力点	● 新しい顧客層（選ばれる理由を探る新しい視点・ニーズの理解） ● 継続購入顧客層（追加購入の需要がある商材の探索）
何を？ 顧客価値の 力点	● 顧客価値単位の市場規模＝定量検証を意識 ＊目標シェア上昇のため、どのような顧客価値を増やせばシェアを積み重ねられるかを考える
どのように？ アプローチ／ 4P施策の 力点	● 顧客数増に向け、顧客層と顧客価値の複線化 ● 顧客単価向上に向け、商材追加、購入頻度の向上施策
注視する 指標	● 事業・商材の市場規模（TAM/SAM/SOM） ● 市場シェアと購買プロセスKPI（業種により変動）
よくある 組織課題	● 商材および施策の増加に伴い担当が分散し、連携不足になりがち

- 顧客数拡大を目指した顧客層と顧客価値の複線化
- 顧客単価の向上（主にクロスセル商材の追加を検討）

といった具合に「顧客数の拡大×顧客単価の向上」の掛け算で売上を引き上げていくアプローチになります。

重点的な取り組み1：顧客数拡大を目指した顧客層と顧客価値の複線化

　この顧客数拡大を目指した顧客層と顧客価値の複線化は、グロースXの社外取締役でもある西口一希さんの著作『顧客起点の経営』（日経BP）の中で、自身が手掛けたスマートニュースの複数の顧客戦略として詳しく解説されています。

　同じスマートニュースというニュースアプリの中に、クーポンチャンネル、ねこチャンネル、プロ野球チャンネルなど、それぞれ違う顧客層に対して異なるニーズを見いだし、その方々に向けて情報を発信して、累積としてマーケットシェアを拡大していった……という顧客層と顧客価値の複線化に伴う拡大による顧客数増加を実現した事例です。

　同じ商材を異なる顧客層に買ってもらうためには、どのような顧客価値を創造すればよいのか？　そのためにどのような商品・サービスの改良を加え、どのようなコミュニケーション施策で新しい顧客層に伝えればよいのか？　それがこのフェーズの新しいチャレンジとなり、同じ商材から展開される施策の数が増え、一気にマーケティング業務の複雑性が高まります（図7）。

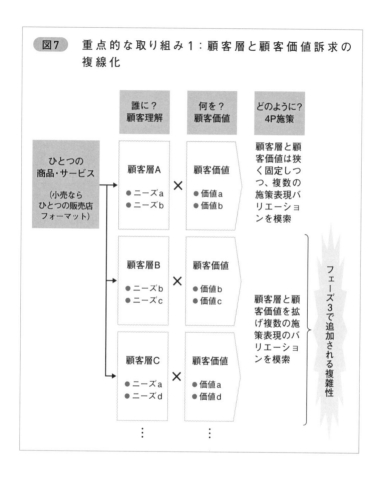

図7 重点的な取り組み1：顧客層と顧客価値訴求の複線化

誰に？ 顧客理解	何を？ 顧客価値	どのように？ 4P施策

ひとつの商品・サービス

（小売なら
ひとつの販売店
フォーマット）

顧客層A
● ニーズa
● ニーズb

×

顧客価値
● 価値a
● 価値b

顧客層と顧客価値は狭く固定しつつ、複数の施策表現バリエーションを模索

顧客層B
● ニーズb
● ニーズc

×

顧客価値
● 価値b
● 価値c

顧客層と顧客価値を拡げ複数の施策表現のバリエーションを模索

顧客層C
● ニーズa
● ニーズd

×

顧客価値
● 価値a
● 価値d

フェーズ3で追加される複雑性

複数の顧客層に異なる顧客価値をかけ合わせて展開していく顧客戦略の具体的なプロセスは、前出の『顧客起点の経営』において他の事例も多く紹介されているので、ぜひ参照してみてください。

重点的な取り組み2：顧客単価の向上
（主にクロスセル商材の追加検討）

　顧客単価の向上の取り組みには重要なセオリーがあります。それは、顧客数を増やしてから顧客単価を高めると、掛け算で売上が大きく成長するという順序の原則です（図8）。この順序を誤って逆に

図8　重点的な取り組み2：顧客単価の向上

ステップ1　ステップ2

○
良い単価向上
（顧客数増加が先）
×
顧客層や顧客価値の複線化で顧客数の増加
×
価値向上を伴った顧客単価の向上
＝
売上と収益の大きな成長

×
悪い単価向上
（単価向上が先行）
×
ただの値上げで顧客単価の向上
×
顧客数が大きく減少
＝
売上と収益の減少

単価向上は着手の順番とやり方で結果が大きく変わる！

し、顧客価値の向上を伴わない安直な値上げから始めると、顧客数が大幅に減少するだけの結果となり、売上と収益の減少を招くことがあります（原価構造によっては、値上げにより、売上は減少しても収益が増えることはありますが、減収増益路線だけではビジネスは長続きはしません）。

　一般的に単価向上というと、既存商材の単価を引き上げることが想定されがちですが、顧客単価を引き上げるには3つのアプローチがあります。

- 既存商材の購入単価を高める（値上げや、上位の高価版に移行してもらう）
- 既存商材の購入頻度・回数を増やす
- 関連する異なる商材を購入してもらう（これを「クロスセル」といいます）

　1つ目の、既存商材の購入単価を高める努力も否定しません。ただ、特にB to Cビジネスの場合、ラグジュアリーブランドのように「価格の高さそのものに価値がある」「供給数に限りがある」といった商材でない限り、顧客層が出費にシビアなマス層まで広がってからの単価引き上げは、顧客数減少の一定のリスクを伴うため慎重な計画が求められます。

　このフェーズ3において必ず可能性を検討すべきは、結果として顧客あたりの取引の頻度・回数を増やす、3つ目のクロスセル商材の提供です。たとえば、AppleのiPhoneは2007年に発売し、その後大ヒットし、世界中でAppleの優れたUI（ユーザーインターフェース）や優れた使い勝手に慣れたユーザーが増えました。そのiPhone

発売から3年後の2010年、iPhoneの画面拡大版タブレット端末ともいえるiPadが発売され、これも大きなヒットとなりAppleの売上と収益を押し上げました。現在ではApple Watchなど多くのクロスセル商材が追加されています。

SPA（製造小売業）においては、プロユースの作業着・安全靴・レインウェアを中心とした衣料品のワークマンが挙げられます。プロ向けに閉じず、一般の人の趣味視点からアウトドア、スポーツ、バイクなどにおける利用ニーズで支持されてヒットしました。その後、さらに一般向けの新商品を増やすことで、クロスセルと顧客層の拡大を並行して実現しています。

B to B事業においても、セールスフォース・ドットコムは最初にCRMソフトウェアを提供してから、自社開発や買収を繰り返し、今では数多くのクロスセル商材を持ち、1社あたりの取引単価を高めながら顧客層を拡げています。

このようなクロスセル商材は、新しい顧客層を連れてくる期待もできるのですが、何より重視すべきは「既存顧客が買いたくなり、既存顧客の購入単価が上がる＝LTVが高まる」ことです。

基本的に顧客獲得コストは、新規顧客獲得よりも既存顧客の追加取引獲得のほうがコストは低く、収益の伴った売上拡大につながりやすくなります。そのため新規商材を追加する際は、既存顧客に向けたアンケート調査やヒアリング調査の実施が欠かせません。

既存顧客の中で、想定する新規商材に興味と関心があると思われるターゲット顧客層から率直な評価のフィードバックを得たうえで実際に商材を準備すると、そのヒット率は高まります。既存顧客に追加する商品・サービス案を提示し、素直にニーズに耳を傾けることが重要です。

第4章　事業フェーズ別の考え方・判断基準

157

競争力のあるメイン商材があるから
クロスセル商材が売れる

　クロスセル商材が増えたときに注意すべきは、顧客獲得の広告やPRなど、コミュニケーション施策の投資が分散しがちなことです。**クロスセル商材の多くは、既存のメイン商材が高い評価を得ていることから、その関連性によって選ばれるという構図**があります。たとえば、よく売れていて評価の高いシャンプーのブランドが、スペシャルケアのヘアートリートメントアイテムを発売した場合、そのシャンプーに信頼があるユーザーだからこそ手を伸ばして購入するという関係性です。

　この場合、新商品にコミュニケーション施策投資を配分しすぎて、肝心のメイン商材であるシャンプーの競争力が弱まった場合、クロスセル商材であるヘアートリートメントの売上も一緒に下がっていきます。

　もちろん、新規商材が市場ニーズを捉え、既存のメイン商材を上回るヒットになったり、新規顧客の獲得としても良い経済性を実現することは稀にはあるのですが、その多くは既存のメイン商材あってのビジネスであるという構造を理解し、**メイン商材の競争力や存在感が弱まらないように投資を継続するように注意**しましょう。

　商材が増えてから新規顧客獲得の投資をどの商材に振り分けるかは、顧客獲得コストの視点と同時に、クロスセルの発生率にも着目します。クロスセルの発生率が高くLTVが伸びる商材を、顧客獲得のエントリー商材として定義し、集中投資することが重要です。

　Appleでいえば、iPhoneを買ったユーザーは、iPadを買う確率が高いだけでなく、パソコンまでWindowsからMacに買い替える確

率が上がるため、新規顧客獲得の投資に関してはiPhoneに振り分ける比率を大幅に高めているといわれています。

注視する指標

　フェーズ3からは、事業規模が大きくなり、その後の売上を積み増す仕掛けにおいても市場サイズの定量的な見立てを持ち、その後の進捗も定量的な評価を強めることが重要になります。それは事業規模が大きくなることで、個人の皮膚感覚と実態のギャップが大きくなりやすいことと、組織メンバーが増え、定量情報を持ったほうが現状と課題の認識共有がスムーズになるためです。

　自社の事業・商材における市場規模を見る際、基本となるのは次の3つの切り口です。

- **TAM**：Total Addressable Market の略称で、自社の事業が獲得できる可能性のある全体の市場規模
- **SAM**：Serviceable Available Market の略称で、TAM の中で自社商材特性を踏まえて実際にアプローチできるターゲット顧客市場規模
- **SOM**：Serviceable Obtainable Market の略称で、SAM の中で実際に獲得しうる顧客の市場規模（現実的な中期の市場シェア目標として扱われることもあります）

　TAM、SAM、SOM は、自社の中期的な事業成長の余地を説明するため、また売上成長や市場シェアの進捗を共有するための物差しとして使われます。

　ただ、新規商材の立ち上げを検討するシーンを考えると、単に市場規模が大きなカテゴリにクロスセル商材をつくればよい、という

単純な話ではありません。それでは「顧客視点」不在です。新たにクロスセル商材を追加するには、自社の既存顧客が追加して買いたくなるかどうか、という視点での精査が重要です。

その他の指標としては、購入に至るプロセスをサポートする数字が挙げられます。見るべき指標は業種や販路によっても異なりますが、一般的には商材カテゴリにおける自社ブランドを想起する順位（先に思い出すものは、ブランドの指名検索が発生し買われる確率が上がります）、ブランド指名検索数、今後の購入意向、販売チャネルへのアクセスのしやすさなどを取得し、自社の商材が買われる確率が高まっているかどうかの進捗を確認するためにチェックします（この領域の科学的な指標設計と運用に関心がある方は、バイロン・シャープ氏の著作『ブランディングの科学』シリーズ（朝日新聞出版）を読んでみてください）。

よくある組織課題

フェーズ3では、商材の数が増え、商材ごとに対応する顧客層も増え、施策の数が急増することで施策間の連携が急速に悪化しがちです。この連携悪化は、人材の採用を増やし、事業・ブランド・商材などの単位で専任チームを組成し、施策間の連携を強化する組織設計によって解決していくことができます。

ただし、チームの人数が増えることになるので、この組織編成は事業の売上規模が順調に拡大し、メンバー増加に伴うコスト増加を吸収してもお釣りがくる前提での設計になります。

また、事業・ブランド・商材の単位で専任チームをつくると、同じマーケティング施策を担う機能の集合体が、複数ラインで社内に

生まれることになります。そうなると、今度は異なるブランドや商材をまたいだ交流が減り、成功施策の社内での横展開や、失敗を回避するノウハウの共有が弱くなります。そのため、横断的にノウハウを共有する仕掛けを併せて展開することが重要になります。

　フェーズ3においては、投資する人とお金の量が増えるため、それらのリソース配分を精緻に管理することで売上や収益が大きく変わってくるようになります。つまり、規模が大きくなったことで「管理によって得られた情報からリソース投資を見直せば収益を生む」というシーンが増えてきます。

　そのため、**定性的な顧客理解や顧客価値のセンスで戦うプレイヤーから、徐々に定量的な評価にもとづいて意思決定できるプレイヤーに評価の重心が移りやすいため、組織の軋轢が増え始めます。**マーケティングチームの組織内で分断が起きないようにケアすべきフェーズです。

[フェーズ3]
事業成長の後期の落とし穴「大手でも小規模でもない中堅企業は市場で埋没しがち」

顧客価値のポジショニングが中途半端になりやすい

それぞれの業界において、売上や組織規模が最大級規模でもない、しかし小規模ともいえない、そんな中規模な企業には固有の悩みがあります。このフェーズ3では、事業成長を順調に続ければ、業界でも大きな影響力を持つ存在になりますが、少なくない企業が中規模で成長の踊り場がやってきて行き詰まってしまいます。

フェーズ3の入り口で事業成長が止まり、イノベーションの種を失っている企業は、外から見るともはや勢いのある会社ではなく、中規模な中堅企業に見えています。その中堅企業で停滞すると「市場における顧客価値のポジショニングが中途半端になりやすい」という構造的な問題が発生するため、その問題の本質と対処について、ここではB to B業態を想定して解説していきます。

どっちつかずの難しさ

企業規模に応じた顧客価値ポジショニングのセオリーとしては、業界で大手といえる会社なら「業界でNo.1」や「すべてのニーズに対応する総合力」といった「大手と認識されているからこそ説得力のある顧客価値のポジショニング」が存在します。

一方で、世の中に数多く存在する小規模な会社であれば、大手ではなくあえて自社を選んでもらうためには「価格がすごく安い」も

しくは「大手にはない独自性ある強みがある」というどちらかの顧客価値が認識されないと仕事は得られないと前述しました。

　では、その間に挟まれた中規模な中堅企業は、どういった顧客価値のポジショニングがあるのでしょうか？　これは実に難しい問いです。

- 中堅企業はそれなりに規模があるため「総合力」を主張するし、実際に豊富なリソースを持っているが、市場からは大手ほどの説得力がない

- 小規模企業のように「ニッチに特化」するには、維持しなければいけない売上や組織人員の規模が大きく、ニッチでは事業規模を支えられないことが多い

　このように、どっちつかずになりがちです。その結果、ぼんやりと「（小規模企業より）総合力がある」と主張し、実際それはたしかである一方、大手ほどは総合力に期待を抱かれない。

　また大手よりは価格は安いけれど、小規模企業よりは高い、中価格帯。よくいえばバランスがとれた、でも裏返せば「中庸でキレのない顧客価値のポジショニングに結果的になっている」ことが多く、クリアな立ち位置が見いだせないという悩みを持つ会社が多いのが中堅企業のリアルです。

基盤は「顧客への密着度」だが それだけでは急成長は難しい

　中堅企業は、顧客価値のポジショニングとしてはすっきりせず中途半端に見えがちですが、顧客企業からするとさまざまな便益を感

じています。「小規模な会社より価格が高い分、サービスや人的な
バックアップが手厚く、トラブル発生時にリカバリーが利きやすい
し、大手企業よりは安くて小回りの利いた柔軟な対応をしてくれ
る」といった良い点を見い出されていることが多いです。

それらは総合的に「顧客への密着度が高い」と評価され、その割
に「大手よりは安い」という顧客価値を一定の事業規模で実現して
いるのが、優れた中堅企業が持つ特徴です。

業界によっては、顧客側は大手企業に「No.1かもしれないが、価
格が高く融通が利かない」「テーマによっては過剰スペックで価格
が高い」「人の対応がお高くとまっている」などの不満を持っている
ことも少なくありません。その不満を解消するような体験を提供
し、評価されている中堅企業は多いと感じます。

ただし、顧客企業の要望に対してうまく線引きしたり、生産性を
高める仕組みを持たないと、大手より価格が安い「便利な小間使い」
に陥ってしまいます。このあたりのバランスを取るのは難しく、注
意が必要です。

経営的には、顧客価値のポジショニング＝付加価値の曖昧さのし
わ寄せは、収益性や社員の給料水準に響くことがあります。大手と
同じような仕事をしながら単価は下回るなか、社員の足や時間で頑
張って価値を出す構造があり、その影響が会社の収益と社員の給料
に出てしまうという構図です。

「顧客への密着度の高さ」は、たしかにすばらしい価値ではありま
すが、顧客価値としては曖昧さや伝わる速度に問題が残ります。実
際に仕事で取引をすると良さが伝わるけれど、取引前の新規潜在顧
客には、価値や強みが伝わりにくいのがマーケティング上の課題と
いえます。

高い成長率を目指すなら
新事業・サービスを矢継ぎ早に出す

　「顧客への密着度」のレベルが高い会社は、現場がまじめで誠実な会社が多く、その結果、取引のリピート率も高いことが多いです。急成長は難しくとも、顧客企業の成長とともにリピート取引を拡大し、自社も手堅い成長を実現していることもあります。

　中堅企業が急成長を目指さないのであれば「顧客への密着度」は大きな武器で、長い時間をかけて市場浸透を目指す価値はあります。いわゆる中堅で安定した老舗を目指すという選択です。そのような企業は、さらに顧客の密着度を高める具体的な施策とコミュニケーション訴求を、丁寧に実施するのが良いでしょう。

　ただ、**中堅企業からの脱皮を目指し、高い成長率を目指すのであれば、今後の市場で拡大する可能性が高い、有望と思える成長領域の新規事業立ち上げや、既存の新興勢力の事業・サービスのM&Aでの取り込みを数多く活発に進める**のが、中堅企業の顧客価値のポジショニングを改善する有力な一手です。

　いうならば「最近の新しい考えやサービスなら、まずはあの会社に相談」という存在です。見せ方のテクニックではなく、実際の商品・サービスの内容充実のほうが重要で、顧客価値のポジショニングが市場で定まるのは副産物という位置づけです。

　企業全体のブランディングとして、全社に顧客価値の横串を通すならば、「新サービスが次々に積極的に展開される孵化器インフラ」のような、成長ベンチャー感を打ち出す方向が基本のパターンです。

支援会社や大手子会社の場合

マーケティング業界の支援会社なら、大手企業よりも早く、新しいコンセプトのソリューションやメディアはすべて立ち上げてメニューとしてそろえていく事業展開イメージです。大手には対応のスピードで勝り、小規模企業にはリソースの投下量で凌駕することで、局地戦の制圧を繰り返す戦い方です。新規サービスの局地戦勝利の積み重ねと、新規サービスのどれかを大きくあてる成長によって、成長率をつくり出すという発想です。

ただ、このような新しい事業・サービスを続々と投入する経営は、既存顧客とじっくり丁寧に付き合って関係を深めてきた中堅企業は比較的苦手なことが多く、その転換を目指すなら、社内生え抜きで上がった経営層よりも、違う文化で育ってきた経営層に変わらないと実現が難しいことは多いのが実際です。

また、大手総合系の子会社の中堅規模だと、グループ内でのすみ分け方針によって、多少は新規事業サービスがやりにくいことがありますが、そこは本社の承認を通すロジックを組み立ててやっていかなければ、大きな成長は見込めません。

細かくいえば、「顧客への密着度」と「矢継ぎ早に新規事業・サービスを仕掛ける」以外の道や、小さな差別化との掛け合わせなどがありますが、中堅規模では企業全体としてのポジショニングに制約事項が多く、現実的にはこの2つの類型に集約されることが多いといえます。

フェーズ3の落とし穴とそれを避けるポイント

もちろん「顧客に密着する」方法は、細分化すればさまざまな形がありますし、それをコミュニケーションに落とす際には、いろいろな比喩でエモーショナルなコピーに昇華すればパッと見は多様に感じられます。

ただ、表現は多様に見えても、その背景を深掘りすると、本質的な戦略分岐のパターンはそこまで多くはありません。これを覚えておくと、中堅企業を伸ばすための顧客価値のポジショニング整理がやりやすくなります。

落とし穴と、それを避けるポイントをまとめますと、次のようになります。

- 中堅企業は、何かに特化しにくく特徴が曖昧になり、市場で埋没するリスクがある。具体的には既存顧客からのリピートと紹介は潤沢でも、新規顧客獲得の引き合いが少なくなる落とし穴がある

- 既存顧客とともにゆるやかな成長を志向するのではなく、高い成長率を求めるのであれば、小規模な新興勢力が仕掛けているような、将来大きく成長するカテゴリでの新しい事業やサービスの仕掛けを徹底的に強化することが重要になる。そうして、新規性が高く興味を持たれやすい新規事業・サービスを多数抱えている会社になることを目指す

事業の成熟期・再生期の 考え方・判断基準

事業の成熟・停滞の2つの原因

フェーズ3で事業成長の後期を成功させたあと、事業によって繁栄の継続期間は千差万別ですが、いずれどこかで売上・収益の成長曲線がゆるやかになり、対前年比で維持もしくは縮小が始まる事業局面が訪れます。この、成長期とは異なる苦しい局面が、フェーズ4です（図9）。

フェーズ4の事業の成熟・停滞の原因パターンはいくつかありますが、主には「市場シェアの低下」か「市場カテゴリの成熟化（市場規模の縮小）」が挙げられます。

前者は、市場規模自体はまだ拡大しているものの、自社の商品・サービスの競争力が弱まり、市場の相対シェアが落ちてきたパターンです。

後者は、市場カテゴリそのものの拡大が止まり、市場全体のサイズが維持から縮小になってきたパターンです。この場合は、市場シェアを維持していても売上は減少します。

この2つはそれぞれ独立した異なる事象ですが、**最悪のケースはこの2つが同時に起こり、市場カテゴリが縮小しながら市場シェアも落ちていく場合です。そうすると、売上と収益は急落**していくことになります。

この2つは対処の方法が異なるため、それぞれ解説していきます。

| 図9 | フェーズ4：事業の成熟期・再生期の考え方・判断基準の概要 |

	フェーズ4 事業の成熟期・再生期
企業視点の ゴール	**市場競争力と収益性の回復**
誰に? 顧客理解の 力点	● 離反顧客層（他社にスイッチの理由／自社に復帰する ためのトリガーを理解する）
何を? 顧客価値の 力点	● 顧客価値の見直し（市場競争力回復のため、劣化した 可能性のある顧客価値の点検・再定義）
どのように? アプローチ／ 4P施策の 力点	● 事業・ブランド・商材と4P施策のすべての単位で、 **成長性と収益性を精査し、投資リソース配分を見直し**
注視する 指標	● 事業・ブランド・商材単位の成長性と収益性 ● 施策単位のROI（見直し精査）
よくある 組織課題	● 分散していた事業・商材別担当を機能別に集約再編成

市場シェア低下への対処

　自社の商品・サービスの市場シェアが低下しているときは、その局面でも自社商材を購入し続けてくださる既存顧客ではなく、自社から離反して競合にスイッチしてしまった顧客を中心に理解することが重要です。

　市場シェア縮小局面でも引き続き買ってくださる顧客はありがたい存在ですが、数として減りつつあり少数派になっている自社顧客に選ばれる理由を確認し、その方向性に最適化を強めても、ますますニッチになっていき、市場シェアを失うリスクがあります。

　市場シェア縮小時は、離反顧客と自社を選ばなかった顧客から、自社商材を選ばなかった理由を確認し、顧客理解〜顧客価値とともに4P施策の総点検をすることが重点的な取り組みの第一歩です。ただ、市場シェアが低下しているからといって、商品・サービス実態の魅力度が低下しているとは限らず、理由の見極めが重要です。

市場シェア低下への対処事例

　筆者が経営するインサイトフォースで、実際にコンサルティング支援をした実例を紹介します。市場シェア縮小を続けていた歴史の長いメイクアップ化粧品ブランドの「再生」がテーマで、シェア縮小の理由を理解するために「昔は買っていたけれど、現在は買っていない」女性にインタビュー調査を実施しました。

　その結果、広告で起用されているタレントが自分の目指す女性像から遠すぎて、「もはや自分向けの商品ではない」と感じ、最近は店頭で商品を確認せずにスルーしていたという実態がわかりました。

しかし、インタビュー調査の現場でメイクアップ商品の実物を手
に取ってもらうと「とても使いやすそうな色使い」と好評で、商品
のパッケージ現物やテスターを見れば十分に復帰顧客になる可能性
が確かめられました。この化粧品メーカーは、離脱した顧客に向け
て商品改良を積み重ねていて、商品施策は的を射ていたのですが、
広告施策に失敗して市場シェアを低下させていたのです。

　ブランド自体の売上はかなり縮小しており、社内でも撤退を検討
されるほど追い込まれていたのですが、前述のインタビューを経て
「商品さえ目に触れて確認してもらえれば売上は大きく回復する可
能性がある」とメーカーは判断しました。
　翌期に広告と販売促進の投資を増額し、販路の店頭でも良い棚の
位置を確保し、顧客を遠ざける原因となっていた広告の女性タレン
トも変更した結果、売上は急速に回復。結果的には新しい顧客層の
獲得も進みました。そして、自社全体の業績予想を上方修正するIR
リリースで、このブランドが業績向上の要因として触れられるほど
の成果となりました。

　もちろん、すべてがこのようにうまくいくわけではありません
が、市場シェア低下の局面では、その原因を突き止めるために離反
顧客と検討しながら選ばなかった顧客の声に素直に耳を傾けること
が重要です。

　事業が成長しているフェーズ1〜3の市場シェア上昇の局面では、
逆に積極的に選んでくれた既存顧客の声を聞き、それらを4P施策
に反映することが効果的です。局面が変われば理解すべき顧客の対
象も変わることをぜひ覚えておいてください（図10）。初動の顧客
理解の対象を誤り、その後の成果が出ない企業は意外に多いのです。

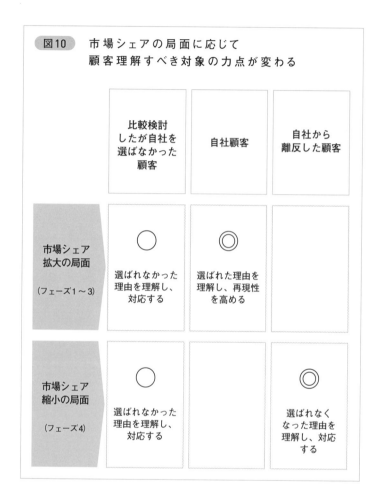

図10 市場シェアの局面に応じて
顧客理解すべき対象の力点が変わる

	比較検討したが自社を選ばなかった顧客	自社顧客	自社から離反した顧客
市場シェア拡大の局面（フェーズ1〜3）	○ 選ばれなかった理由を理解し、対応する	◎ 選ばれた理由を理解し、再現性を高める	
市場シェア縮小の局面（フェーズ4）	○ 選ばれなかった理由を理解し、対応する		◎ 選ばれなくなった理由を理解し、対応する

市場カテゴリの成熟化への対処

　市場カテゴリの拡大が止まり、市場規模サイズが維持から縮小に
なってきた局面を、ここでは「市場カテゴリの成熟化」と呼びます。

日本国内の市場は、人口減によって、市場規模の伸びが止まり、維持から縮小に向かう市場は増えやすい構造があります。

　また、市場全体の顧客数減少だけでなく、単価の下落が市場規模の減少を招く場合もあります。企業からすれば「商品・サービスの価値あるスペック向上」だと思っていても、顧客の大半から見たら「どれを選んでも最低水準は超えていて、意味のある差をそこまで感じない」という状況になると、価格競争に陥るのは必然です。

　このような市場カテゴリの成熟化に直面したときの対処で基本となるのは、売上が成長しているセグメント（分類・区分）の発見です。**市場全体としては売上が停滞・縮小している場合でも、何らか特定の基準で絞り込んだ顧客層、製品カテゴリ、製品の価格帯では売上が伸びている場合は多々あり、その成長セグメントを活用することで事業成長を実現する**というやり方です。

　現在の日本の自動車市場であれば、全体の販売台数は完全に成熟していますが、EV（電気自動車）のカテゴリはまだ市場の構成比と絶対額は小さいものの成長率は高い数字になっています。同様に、少し前のシャンプー市場であれば、ノンシリコンシャンプーはまさに成長する新たなカテゴリの製品セグメントでした。

　もうひとつは非常に難易度が高いのですが、成長する製品カテゴリの創造です。これは言うは易く行うは難しの典型ですが、昔のガラケーと呼ばれたフィーチャーフォンの市場が成熟してきたタイミングで、AppleがiPhoneを市場投入し、スマホと呼ばれるスマートフォンのカテゴリを創造したことが挙げられます。スマホというカテゴリが創造され、急速に成長したことで、携帯電話端末市場は再び成長軌道を取り戻したという経緯があります。

このような新しいカテゴリが創造されると、商品・サービスの進化によって単価が大きく引き上がることもあります。たとえば日本国内における掃除機も、昔は完全に成熟市場でしたが、ダイソンがサイクロン方式という新しいカテゴリを創造したことで市場が活性化し、ダイソン以外のメーカーも追随することで製品単価が大きく伸びた例といえます。

　これらはうまく実現すると美しいイノベーションの例になりますが、実現する難易度は相当に高いです。新しいカテゴリを創造しようとチャレンジしたものの、顧客からは評価されず、ただのキワモノ扱いで終わってしまった製品は山のように存在します。

　しかし成功したときの果実は大きく、チャレンジに値するテーマです。この市場の成熟を打破するイノベーションの推進は、フェーズ1の事業立ち上げ期の考え方がフィットします。

▍投資リソース配分の大胆な見直しをする局面

　事業の成熟期を迎えている場合、社内には「現状の売上は大きいが伸びていない」商品・サービスがゴロゴロあるような状態がよくあります。すると、**現在の売上・収益の規模に応じて次年度の予算は一定の比率で配分するのが多くの企業の慣習なので、今後の成長余地が少ない事業にこれまで通りの大きな予算と多くの人数が振り分けられ、伸びしろがあるが売上がまだ小さい事業への予算と人の配分が少なくなる**、といったことが起こります。

　これは経営の意思決定レベルの話になりますが、今後どうあるべきかを考えると、「今後ののびしろに応じて人や予算のリソースを配分すること」が極めて大切です。日本のある程度の大手で、それなりに魅力的な新事業を打ち出しながらも成長がずっと停滞したり

縮小したりしている企業の課題の9割は、この投資配分の見直しが進まないことにあると個人的には思っています。

これまでのようにはもう事業が伸びない状況、市場の成熟に伴い収益性が低下している事業が増えてきた局面では、すべての階層で投資リソース配分の見直しが必須となります（図11）。

第4章 事業フェーズ別の考え方・判断基準

フェーズ3の事業成長後期では、新規事業、クロスセルを狙った新商材、新しいフラッグシップ店舗、外販パートナー、広告施策、販売チャネルへのリベートなど、多くの新しい取り組みの投資が立ち上がります。

　しかし、全体としては成長し収益が出ていることでコスト管理も甘くなり、成果に乏しいものも一般的には見逃されて温存されがちです。そしてそのままフェーズ4の成熟期／再生期となり、いざ棚卸しを始めると、多くのリソース浪費の実態が見えてきます。

　今後の成長性に期待しにくい事業や商材、投資しているけれど収益リターンが見えにくい施策、収益を生まずに売上が縮小している事業なのにかかわっている社員が多いことなどが顕在化します。

▎リソースの再配分をやりきれるか否かがカギ

　大事な投資リソースである人とお金の再配分は、総論賛成・各論反対の典型的テーマなので社内で大きな摩擦を生みますが、ここでリソースを最適に再配分し直さないことには、成熟期と再生期を乗り切ることはできません。誰かが嫌われ役になってやりきらないといけないテーマですし、その際に、このフェーズ4に必要な決断をチームメンバーの多くが頭で理解していることは、シビアな意思決定の支えになります。

　ポイントは、単にリソースを引き剥がして削るコストダウンだけで終わるのではなく、次なる成長領域の事業・商材と施策に、しっかりと人とお金のリソースを張ることです。リソースを張ったところで成長と成功が約束されるわけではないため、大変な勇気と胆力が必要になりますが、避けては通れないテーマです。

　事業も商品ラインナップも、いったん膨張していたものを絞り込む。投資していた施策も絞り込むので、そうした計画と管理にたけ

た人材が求められます。

　カテゴリとしては縮小する市場でも、投資縮小するだけとは限りません。自社事業による残存者利益の獲得を目指すのも一手です。競合同士が手を組むことを意味する「合従連衡（がっしょうれんこう）」という言葉がありますが、事業のボリュームを出すほうが通常はコストが下がるので、1位が2位や3位の企業と手を組み、競合同士がまとまっていくことがしばしば起こります。日本の保険会社や銀行などは典型的で、合従連衡を経て生き残って収益性を確保する企業が多いといえます。

　この構図を狙う場合は、マーケティング4P施策のレベルで考えるのでは不十分です。事業戦略の水準で考え、アライアンス戦略や買収戦略の視点も必要になります。

　仮にフェーズ1の現場で活躍する人材が、「ガンガン行こうぜ！」タイプの戦士だとすると、それとは正反対の戦略家が活躍することが増えるのがフェーズ4です。経営とマーケティング、事業戦略とマーケティングは不可分といわれますが、フェーズ4はまさにそれらを密に統合して動かさないといけない時期です。

　このフェーズのリーダーは、メンバーの大半からすると、自分が心血注いできた事業や商材や施策への投資を減らしてくる存在になるため、メンバーから嫌われる意思決定が増えます。嫌われてもやり遂げる根性や強さを備えた人が、リーダーを務めることが大切です。

　企業がこの成熟期や再生期を乗り越えられない場合の大半は、ここまで解説したような対処法の内容をリーダーは頭では理解しつつ、実行する勇気が持てないために投資リソースの再配分ができず、そのまま時間がすぎてしまうケースが多い印象です。

注視する指標

再生局面と判断する事業や商材の指標であれば、収益性の回復がテーマになるため、「黒字化に必要な売上水準の達成」と「コスト管理」が注視すべき指標になります。再生計画によっては、成長の見込めない事業や商材は売上を大きく落とす場合もあるので、投資額を積み増して売上をつくる習慣がついたメンバーが多いチームは、その過去の慣れからの切り替えも必要です。

一方、成長モードの事業や商材の場合は、素直に市場シェアとユニットエコノミクスを注視し、フェーズ2〜3の成長前期〜後期で注視する指標と重なってきます。

よくある組織課題

フェーズ3で、事業・商材単位の事業軸でマーケティングメンバーを集めて編成した組織の場合、商材と施策のマトリクスで人が配置されるため、メンバーが増える傾向にあります。**フェーズ4で成熟期に入ると、その弊害として似たような施策を商材が違うという理由だけで異なるメンバーが担っていることが、コストの非効率として目につく場合が増えます。**

その際は組織構造を変更し、事業・商材を横断したマーケ機能（主にコミュニケーション部分）を集約した組織構造への変更で解決を試みることが多くなります。マーケティングチームが事業部軸の編成から、横串の機能別組織に転換するイメージです。

また、投資を縮小するモードの事業と、成長投資をして前に進める事業では、適した意思決定も組織文化もずいぶんと変わります。人は器用ではないので、維持・縮小しながらも利益をひねり出す

チームと、売上成長させながら新しい施策をどんどん繰り出す成長モードのチームを、同じリーダーやメンバーが兼任することは難しいものです。

　一般的に組織は商材や機能の軸で分けるものですが、それと同じくらい事業フェーズの違いも重要で、組織を分ける軸になります。**特に事業フェーズ1〜3の成長モードと、フェーズ4の再生モードは、考え方も意思決定基準も対照的といえるほど違うため、社内で成長期と成熟期・再生期の事業・商材が混在しているなら、極力チームを分けたほうが良い**でしょう。

　先ほど「ガンガン行こうぜ！」タイプと書きましたが、個人と事業フェーズとの相性の良し悪しも確実にあります。むしろ、フェーズの変化に対してすべて柔軟に適応できる人のほうが珍しいでしょう。だからこそ、本章で説明してきたフェーズごとの考え方の基準を、チームのメンバーが理解しておくことが大切になります。メンバーが事業フェーズとのミスマッチを理解し、乗り越えて成長していく手がかりになります。

　ちなみにフェーズ3までは、最後にフェーズごとの落とし穴を解説しましたが、フェーズ4は意思決定の多くがハードシングスの連続で、フェーズ4の解説がまるごと落とし穴の解説のようなものなので、ここでは落とし穴の解説は割愛します。

事業フェーズごとの
ブランド戦略

企業視点のゴールに向けた
基本的な活動の全体像

マーケティングの仕事にかかわれば、必ずブランド戦略やブランディングという言葉に触れることがあるはずです。本章の最後に、事業フェーズごとにブランド戦略として意識すべき最低限のポイントを共有します。

各事業フェーズにおける企業視点のゴールとそれを支えるブランド戦略視点の基本的な活動をまとめたものが図12です。以降、各フェーズに沿って解説していきます。

フェーズ1：名称やロゴにお金をかけすぎない

事業立ち上げ期では、商材に何かしらの名称やロゴがないと不便です。企業にも企業名だけでなくロゴが必要なので、最初に名称やロゴを開発し、今後も使う見通しが続きそうなら商標取得を推奨します。

このフェーズでのポイントは、まだ事業が立ち上がるかどうか、顧客が魅力を感じる顧客価値が何なのかも見えていない段階で、それらのネーミングやロゴ制作に多額のお金を使いすぎないことです。顧客が増えて、自社が選ばれる理由が明確になれば、自ずと顧客価値もクリアになり、いずれさらに丁寧にネーミングやロゴを開発し直す際の基準にもなります。

図12 事業フェーズごとに変化する
ブランド戦略視点の基本的な活動

	フェーズ1 事業立ち上げ期 0→1	フェーズ2 事業成長の前期 1→10	フェーズ3 事業成長の後期 10→100	フェーズ4 事業の成熟期・ 再生期
企業視点のゴール	製品の市場適合（PMF）	ユニットエコノミクスと売上拡大の両立	顧客数増加と顧客単価向上の相乗効果	市場競争力と収益性の回復
ブランド戦略視点の基本的な活動	ネーミング〜ロゴ開発と商標取得 ＊PMFの前の投資は最小限でコストをかけすぎない	PR露出により企業・商材への基本的な信頼獲得と、自社商材の独自性の理解浸透によりCVR向上を支援	商材カテゴリにおけるブランド想起順位を高めることを意識	事業戦略と連動させてブランド数と階層の整理（マーケティング投資の分散軽減）、リブランディング（イメージ向上）

▍フェーズ2：PRを通して信頼と期待を高める

　事業成長の前期では、ターゲットの顧客層が接触している媒体で、何かしらのPR露出を繰り返し、自社ブランドへの「基本的な信頼獲得」と「商材の独自性ある顧客価値の理解浸透」を目指しましょう。

　顧客価値を理解し、ブランドに一定の信頼と期待を抱いた顧客が販路にやってくると、ブランドへの認知や理解がない顧客と比べてCVR（顧客転換率）やLTV（顧客生涯価値）が高まる傾向があります。つまり、ブランドの理解浸透は、さまざまなマーケティング施策の成果を底上げする働きがあるのです。

▍フェーズ3：ブランド想起の順位を高める

　事業成長の後期では、商材カテゴリにおけるブランド想起の順位を高めることを意識しましょう。「炭酸飲料といえば……コカ・コーラ！」「自動車といえば……トヨタ！」というように思い出す順位が上がるほど、ブランドの指名検索が増え、その商材購入時の初期の検討候補に入り込める確率が高くなる傾向にあります。

　タクシー広告やテレビCMのような動画の広告に投資する場合は、15秒や30秒のなかでブランド名を連呼するつくりにすると、有意にブランドの記憶や想起が高まるという説もあり、そのため覚えやすいメロディーでブランド名を連呼する動画広告が増えています。

　ちなみに商材の訴求はせず、ブランドの価値だけを伝える広告は、基本的に投資回収が難しく、機能することはほとんどありませんのでおすすめしません。このフェーズでの広告におけるブランド活用とは、あくまでも商材の広告にブランドのロゴや名称を効果的

に交ぜ込むことを指しています。

フェーズ4：
ブランドの数やイメージを見直し整理する

　事業の成熟期・再生期になると、一般論としては事業や商品・サービス単位のブランド数が増加して投資が分散しすぎていたり、ブランドイメージが劣化し、ブランドの存在がマーケティング施策の効果を高めるのではなく足を引っ張る存在に陥っていたりする場合もあります。

　ブランドへの投資が分散しすぎないように、ブランドの数を精査することや、イメージが悪化したブランドであれば廃止する場合もあります。また、競争力回復の見込みがあるならば、名称かロゴ、もしくはその両方を刷新し、イメージを向上させるリブランディングに投資する場合もあります。

ブランドをつくるためには一貫性が必要

　世の中には多くのブランド戦略の書籍がありますが、筆者の視点で突き詰めると、ブランド戦略を厳格に運用することとは「象徴的な顧客層と顧客価値を定義し、それらを一貫性を持って継続的に4P施策や顧客体験で印象づけていく」ことだと捉えています。

　この**「ブランドをつくるためには一貫性が必要」という原則が、ときに事業成長機会の貪欲な追求と相反するため、摩擦を起こします。ブランド戦略の一貫性には欠けるけれど、過去と異なる顧客層を狙ったり、過去と異なる顧客価値で訴求したほうが、売上・収益が伸びるという局面**は多々あるからです。

ブランドの話は立ち入りすぎると長くなるため割愛しますが、もし、より深い部分に関心のある方は拙著『デジタル時代の基礎知識『ブランディング』「顧客体験」で差がつく時代の新しいルール』（翔泳社）に目を通してみてください。ビジネスを伸ばすという視点を主眼に解説した、ブランド戦略の書籍です。ブランド戦略はあくまでもビジネスをサポートするためのものと考え、的はずれな時期に過剰投資しないように気をつけましょう。

　本章までは、マーケティング思考の内容を解説してきました。次章からはマーケティングチームの人材育成を成功させるためのポイントと、具体的なソリューションを解説していきます。

第 **5** 章

「マーケティング思考人材」
育成の成功法則

360社／1.2万人の実績から わかった成果を出す マーケティングチームの特徴

スキルレベルと定性的なインタビューによる調査

本章では「成果を出すマーケティングチームとは、どういうものなのか」、逆に「成果が出ないマーケティングチームにはどういう状況と症状があるのか」を、チームの視点でひも解いていきます。

そして、「成果を出すマーケティング思考が浸透したチーム」になるための人材育成の成功法則、要件、ソリューションを解説します。

本章の内容は、筆者が取締役COOを務めるグロース Xの人材育成ソリューション提供に基づいています。統計的に因果関係などを検証できている話ではありませんが、2022年10月までに約360社、累計約1万2000人の方を支援してきたので、それらの傾向や定性的な感触の知見には一定の意味があると考え、ここで共有していきます。

対象企業の内訳は、社員5人ほどのEC事業者から社員数万人規模の大手企業までさまざまです。唯一、偏りが目立つのは、業種の30%は広告代理店やマーケティング業務用ITツールを提供する支援側の会社だという点です。

「実際に業績を高める成果を上げるマーケティングチームでは、組織としてメンバーの知識・スキルはどのようになっているのか？」。これが私たちの問いでしたが、360社のスキルレベルと定性的なインタビューから、2つの大きな発見がありました。

発見1：成果を出す「ダイヤモンド型組織」

1つ目の発見は、**身も蓋もない話ですが、マーケティング知識・スキルのレベルが平均以上のメンバーの構成比が高いチームは、成果が出やすい**というものでした。

裏を返して説明すると「チームのなかで少数の人だけ知識・スキルレベルが高く、他の大多数のメンバーはレベルが低いチームでは成果が出にくい」ということです。

マーケティングはチーム内で連携して進める仕事なので想像がつきやすい話ですが、これは私たちにとってもパワフルな気づきでした。

2つ目の発見は、知識・スキルはそのレベルだけでなく「内容」が偏っていないことも重要だという点です。後述しますが、「戦略力」「施策力」「AI・DX力」「チーム力」の4要素が偏っている場合も、成果が出にくいことがわかりました。

私たちは、これらの気づきに基づいて、**チーム内でのメンバーの知識・スキル分布の形からイメージし「ダイヤモンド型のチームを目指す！」という合言葉をキーワード**にしています（図1）。

組織ではよく2：8の法則といわれる俗説があり、2割のハイパフォーマーと8割のローパフォーマーが存在するといわれています。

しかし、8割の全員を引き上げることはできなくても、5〜6割が引き上がったチームになると、そのインパクトは絶大です。大半が平均水準を超える「ダイヤモンド型組織」は、ひとつのわかりやすい目標になります。

図1　成果を出す「ダイヤモンド型組織」

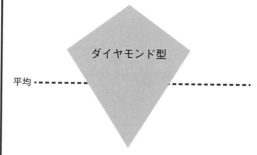

マーケティング知識・スキルのレベルが
平均以上のメンバーの構成比が高い

マーケティング知識・スキルのレベル

ダイヤモンド型

平均 -

成果が出ないチームに よくある3つの問題症状

エース孤立・機能不全症

　ここからはマーケティングの知識・スキルのレベルの視点から、「成果が出やすい状態」に達していない課題を持つマーケティングチームの症状を解説していきます。マーケティングチームに何かしらの問題意識を感じている方は、どこかで思い当たるものが出てくるかと思います。

問題症状1：エースとほかのメンバーに差があり機能しない

チーム全体の知識・スキルレベルは低いが、エース人材だけレベルが高く、孤立し、機能しにくいチームの症状です（図2）。

よくある症状

- エースだけ知識・スキルのレベルが高いスペシャリストで、さまざまな戦略策定や施策の実行を試みるが、現場メンバーの実行レベルが追いつかず成果が出ない

この症状に陥りやすいチーム

- 経営判断でマーケティング強化方針となり、外部から実績ある専門家を連れてきたチーム
- 創業者だけマーケティングが強く、他のメンバーの育成能力が弱いチーム

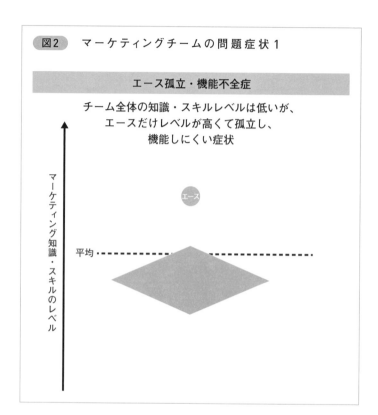

図2　マーケティングチームの問題症状1

エース孤立・機能不全症

チーム全体の知識・スキルレベルは低いが、
エースだけレベルが高くて孤立し、
機能しにくい症状

マーケティング知識・スキルのレベル

平均

エース

初心者集団・会話空中戦症

問題症状2：初心者ばかりで会話が成り立たない

チームメンバー全員の知識・スキルのレベルが低く、マーケティングの会話が空中戦になる症状です（図3）。

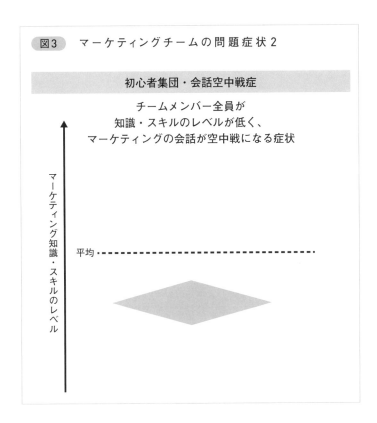

図3　マーケティングチームの問題症状2

初心者集団・会話空中戦症

チームメンバー全員が
知識・スキルのレベルが低く、
マーケティングの会話が空中戦になる症状

マーケティング知識・スキルのレベル

平均

よくある症状

- マーケティングを強化しようにも、共通言語となる知識や用語がないため、議論・会話がまったく噛み合わない非生産的な状態が続いてしまう

この症状に陥りやすいチーム

- マーケティング力が弱くても成り立ちやすかった、参入障壁が高いインフラ業種

- 営業が強く、マーケティング不在でも売上が確保できていたチーム（B to Bに多い）

知識高レベル・連携不全症

問題症状3：知識はあるが連携できない

知識・スキルのレベルが高いメンバーは多いが、連携するための共通言語や定義がなく、連携が悪い症状です（図4）。

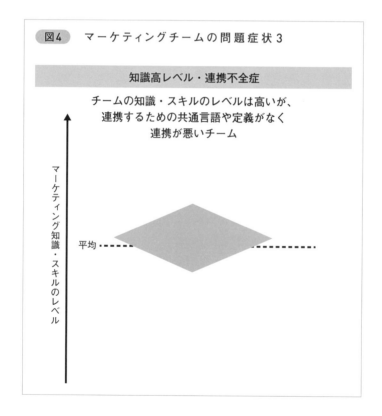

図4 マーケティングチームの問題症状3

知識高レベル・連携不全症

チームの知識・スキルのレベルは高いが、
連携するための共通言語や定義がなく
連携が悪いチーム

マーケティング知識・スキルのレベル

平均

よくある症状

- メンバーの多くが知識・スキルを持っている自負があるが、それ
ぞれ使う用語や指標の定義がバラバラで共通言語がなく、課題認
識や業務連携がかみ合わない

この症状に陥りやすいチーム

- 伝統歴史のある大手企業で、教育投資も活発だが、組織間の風通
しの悪いチーム
- 腕の良い中途採用者が多いが、各々が出身母体の用語や指標の流
儀を持ち込み、連携不全を起こしているチーム

発見2：知識とスキルの「内容」も重要

　マーケティング知識・スキルのレベルのばらつきの視点から、3
つの症状を解説しました。ここからは**2つ目の発見である「マーケ
ティングの知識・スキルの『内容』の偏りがあると成果が出ない」症
状**について説明していきます。

　図5は、マーケティングの知識・スキルを4種に分類し、それぞ
れのスキルの偏在パターンの症状を説明したものです。本書で前述
したマーケティング思考のOS解説より、さらに網羅性を高め、細
かく分解した内容になります。グロースXのマーケティング人材育
成ソリューションは、フルパッケージ版が12カ月分ありカリキュ
ラムの範囲が広いため、これらの要素の偏在がもたらす症状の分析
も可能になったと考えています。

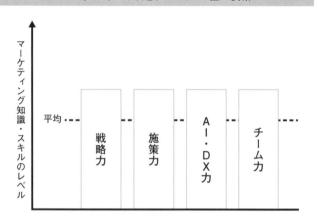

図5 4種の要素と偏在の問題症状

マーケティング知識・スキル4種の要素

マーケティング知識・スキルのレベル

平均

戦略力　施策力　AI・DX力　チーム力

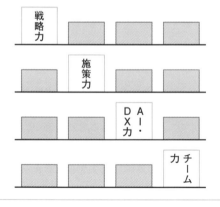

4種の知識・スキル偏在の問題症状

戦略力

施策力

AI・DX力

チーム力

1. 戦略偏重・実装力不足症

2. 施策過多・近視眼症

3. IT一本足・効率依存症

4. 人材潤沢・機能不全症

マーケティングの知識・スキルの4種に含まれる要素

マーケティングの知識・スキルに含まれる要素は以下の4つです。

- **戦略力**：収益構造の把握、顧客理解、顧客価値、PDCAサイクル
- **施策力**：商品・サービス、顧客獲得・広報PR、関係継続、販売
- **AI・DX力**：業務効率化DX、顧客体験向上DX、システム・データ活用、AI活用
- **チーム力**：組織設計・連携、採用・育成、外部パートナー活用、リスク管理

これらの要素も日々の検討で改善・変更されている状況で、かつ話が細かくなりすぎるため要素の説明は割愛しますが、4種の知識・スキルの間に偏りがあると成果が出にくく、次のような問題症状が顕在化します。知識・スキルはバランスよく高めないと、成果が出にくいということです。

1. 戦略偏重・実装力不足症
戦略力だけが高く、他が弱いと、いわゆる頭でっかちで施策の実装展開力が弱く成果が出ません。学習経験は豊富だけれどビジネスの実践経験が少ないメンバーが集まると起こりやすい症状です。戦略で立てたことを、施策としてしっかり落とし込む、施策の試行錯誤を繰り返す手数を出せる能力の強化が有効です。

2. 施策過多・近視眼症
施策力だけが高く、戦略力など他が弱いと、施策の手数が多くてもすぐに成果が行き詰まったり、施策の手応えを感じても収益インパクトが出ずに疲弊しやすくなります。短期的に数字をつくる馬力だけ

がある、営業志向が強いメンバーが集まると起こりやすい症状です。

　成果が乏しくなってきた場合、異なる顧客理解を丁寧に深掘りし、これまでと異なる顧客層と顧客価値を組み合わせたコミュニケーション施策を開発し、新しい顧客層を獲得する能力を強化する。そして新規顧客獲得だけでなく既存顧客の継続率を高めることで売上をつくるような、目的に対して実現するアプローチの視野を拡げられる戦略力を強化することが有効です。

3. IT一本足・効率依存症

AI・DX力だけ高く、他の戦略力や施策力が弱いと、マーケティングのツール活用やデータ分析などのテクノロジー活用は手慣れていても、顧客理解、顧客価値、顧客行動の実態に即した施策にならず成果が出ません。ITエンジニア集団が自社事業に乗り出した初期に起こりやすい症状です。

　AIやデータに強いと、事業をスケールさせる際に非常に強い武器になりますが、他の戦略力や施策力がないと事業のフェーズ1〜2の前半の立ち上がりに苦労する傾向があり、それらの強化が有効です。

4. 人材潤沢・機能不全症

チーム力だけが高く、他が弱いと、組織の空気が良くても、市場・顧客への理解や感度が低く、機能不全に陥りがちです。組織インフラは充実しているが事業立ち上げ経験のない、大企業の新規事業立ち上げチームで起こりやすい症状です。

　人の優秀さと資金力のリソースがある場合は、初期投資は高くついても経験豊富な外部委託パートナーを巻き込んで推進し、その過程で戦略力と施策力のノウハウを学びながら、外部委託パートナーの細かな施策の知識を自社に取り込んでいくような動きが有効です。

ここまでマーケティング知識・スキルの高低で3つ、知識・スキルの要素の偏りで4つの症状を説明してきました。自社や身近で、思い当たるものはあったでしょうか？　何らか思い当たったとしても、悲観する必要はありません。

　むしろ何も問題症状のないマーケティングチームなどありませんし、どれほどレベルが高いチームになっても、市場の顧客は変わり続けるものなので、その変化に適応することは常に大変なことで、何らかの自社に不足する能力をつきつけられることの連続です。

　症状の撲滅を目指すのではなく、目の前の症状やこれから起こるであろう症状を俯瞰して捉え、冷静に解決策の手を打てることを目指しましょう。

学校・塾の集団学習に 人材育成のヒントが 詰まっている

学習意欲が継続する5つの観点

第2章で、マーケティング思考を身につけた人材を「マーケティング思考人材」と表しました。私たちがマーケティング思考人材育成の成功に向けて、さまざまな試行錯誤をした結果、現場で学習を続ける社員の方々が意欲高く継続するための要件を5つ見出すことができました。

これはたどり着くとごく単純な話で、車輪の再発明のような面もあるのですが、**成功したポイントを振り返ると、あたかも学校や塾のような集団学習のスタイルに収れんしていきました。人材育成に試行錯誤されている方なら、これらの要件の多くは汎用的に応用できる内容**だと思います。ぜひご活用ください。

人材育成の成功要件1： 学習スタート時の動機づけ

企業が社内の人材育成をスタートさせたとき、現場メンバーがそれを歓迎し、最初から旺盛な学習意欲が高い人ばかりだという会社は稀です。

企業や上司にとっての育成動機やメリットの説明ではなく、学習するメンバーの当事者が「マーケティングの知識・スキルを学ぶことで、どのような未来が待っているのか？」「メンバー個人のキャリアにどのような機会をもたらすのか？」と期待を抱く、そんなメン

バー視点からの機会と価値の説明を丁寧に実施することが鍵になります。

　グロースXの人材育成ソリューションでは、成長意欲の高い人の参加に絞ったほうが成功確率が高いことから、上記のようなメンバー視点の機会と価値を伝えるオンライン説明会を開くようにしました。すると、人材育成プログラムへの参加希望者の数と、参加後の学習継続率が大きく高まりました。

　これは学校で行われる、就活に向けて将来の夢や達成の道筋についてフォローするイベントや面談と、同じ効果を持つものだと捉えています。**誰しも、最初は関心がなかったり、自分の将来に結びつくイメージがなかったりするものの、実際に話を聞いてみたら関心が生まれたり、自分がそこでがんばるイメージが湧いたりする経験がある**と思います。大人になってもそれは同様で、判断する前にしっかり説明を受ける機会の設定が重要になります。

人材育成の成功要件2：同僚と同じ内容を 同期学習するクラスメイト型学習

　私たちの人材育成プログラムに参加する現場メンバーの学習継続率が大きく高まり、顧客満足が大きく上がったことの要因のひとつは、同僚と同じ時期に同じ内容の学習をする「クラスメイト型学習」を取り入れたことにあります。

　同じ時期に同じ内容で学ぶことで、心理的な一体感だけでなく、何らかのミーティングにおいて「あ、あれはグロースXで学んだ○○の話だ」というように共通言語での会話がはじまり、いつしか自然に「今週学んだ○○だけど……」とチームメンバー同士の話題で出てくるようになります。

企業が導入するe‐ラーニングでは、一般的には多くの動画などの学習教材が自由に選べる形式で提供されることも多く、それを部門や個人の単位で自由に選んで学ぶという形式が普及しています。

　しかし、この場合、そもそも「何を学ぶと効果的に成長して、事業の成果を生み出せるのか？」という選択眼が学習者側に委ねられていて、その選択が難しい問題があります。

　また、自由選択型だと、そもそも最初から学習の意欲が高い上位1~2割の人材だけが積極的に学び、残りの8割は最初いくつか手をつけてもすぐに学習から離脱してしまい、1〜2カ月経つと、もともと学習習慣のある人しか残らないという問題を内包しています。

　学校を考えても、義務教育では生徒自身が選ばず、幅広い知識をクラスメイト全員で学ぶというやり方が土台になり、高校〜大学レベルから、自らの自由意志で専攻領域をするという流れになります。ビジネスも同様で、最初は幅広い知識をクラスメイトならぬ同僚と一緒に学ぶという経験が、知識の土台作りという意味でも、また、学習の継続性を担保する意味でも非常に重要と捉えています。

▎人材育成の成功要件3：学習進捗を見える化したゲーム性ある競争意識の刺激

　成功要件2の延長線上ですが、同じ時期に同じ学習をするからこそ、同僚と比べて学習の進度や理解度の比較が気になるのが人の心理です。ご自身の学生時代を思い出していただきたいのですが、同じ授業を受けて、同じテストを同じタイミングで受けるからこそ、同級生のテスト結果との差が気になったのではないでしょうか。

　グロースXの人材育成においても同じことがいえるようで、スマホでワンタップすれば、同僚の学習進捗と理解度テスト結果が見え

る機能を実装したところ、ほどよい緊張感と楽しさが生まれたようで明らかに学習の進捗と継続率のスコアが高まりました。特に、上司がしっかり学習していて、自分が遅れていると「なんとか巻き返さなくては」と思う心理が働くという声がたくさんありました。

　この学習進捗と理解度テストの結果が見えるという機能は、上司の立場からすると、部下の学習をファクトベースでリアルに確認できるため、疑いの視線を向けずに済むという話が出てきます。

　「過去には、部下に課題図書を渡して感想文提出を求めたら、Amazonレビューを少し改変されたものが出てきて、部下の成長意欲に疑心暗鬼になってしまうサイクルが嫌だった」という上司の声もありました。部下を疑うコミュニケーションのストレスからの解放は、私たちも事前に想像していなかった価値の発見のひとつです。

人材育成の成功要件 4 ：獲得した知識・スキルを自分ごと化し、実践するきっかけづくり

　俗説として、「本を読むだけでは意味がない。読んだことを自分にあてはめて実践しましょう」という話を耳にします。一方で、「本を読んだ人の9割程度はそのまま実践しない」などと聞くこともあります。

　人材育成でも同じ面があり、多くの人は外部からのきっかけや刺激を得なければ「学んだ知識を、自分のテーマで活用する」ことに至らない傾向があります。

　そのためグロースXの人材育成サービスでは、スマホアプリでの学習体験のなかに「先ほど学んだ知識を使って、あなたの部門や業務で実施してみたいことはありますか？」といったアンケートを頻繁に投げかけています。

また、学習した内容の一部では、手元で実践するためのフレームワークと解説を記載したワークシート資料を別途提供しています。自ら「自分ごと」化して能動的に実践する人は1割未満かもしれませんが、**外部からの問いかけや実践しやすいツールの提供をはじめると、学んだことを自分や自社にあてはめて実践する人の比率は大きく高まりました。** 自らやる人以外には、適したタイミングに、適した声がけやツール提供をすることで、学んだ内容を業務の実践に移せる人が大きく増えていきます。

　学生時代を思い出しても、宿題として実践的な課題を出されたからやってみたことはたくさんあったはずです。すべてを必須にすると負担が重すぎるのでバランスの調整が必要ですが、学んだことを実践するきっかけは、うまく人材育成の体験プロセスに組み込むと非常に有効です。

　企業の視点からしたら、社員が学んだことを実践しない限り、業績に転化されることはなく、教育投資が回収されることはありません。

人材育成の成功要件5：
上司が関心を寄せて積極的にフィードバック

　古今東西、昔から変わらぬ人の普遍的な法則ですが、人は自分を高く評価してくれる上司や、自分が好きな人が関心を持っていることに応えたいという気持ちを持っています。

　人材育成においても**社内の経営陣や上司など影響力が高い人が注視しているという様子**や、**まじめに学習を続ける人や実践して成果を出した人を褒めるコミュニケーションがあると、現場メンバーの学習と実践のモチベーションは高まります。**

学習から離脱した人を「北風アプローチ」で厳しく叱責するのも、必ずしも否定するものではないのですが、組織や人は北風アプローチのコミュニケーションが増えると、萎縮して疲弊していきます。

　社内で大きな影響力を持つ人が、誰かの学習継続や成果を褒める「太陽アプローチ」のコミュニケーションをすると、学習の継続率も実践率も大きく高まります。学生時代、人を気持ちよく頑張らせるのがうまい先生がひとりやふたりはいたと思います。

　成功要件5はそんな状況に似ていて、厳しい話の北風アプローチだけでは、チームの空気は暗くなり、その叱責だけでは長くは続かない体験になってしまいます。

人材育成とマーケティング に対する経営層の本音

3つの大きな不安・不信感がある

ここからは企業の経営層（社長〜取締役〜事業部長クラス）が、人材教育とマーケティングの投資に対して、どのように思っているのかをお伝えします。

人材育成の対象になる現場メンバーの社員の方々の声は、実際には並走支援を担うカスタマーサクセスチームに数多く集まることが多いと思います。しかし、マーケティング人材育成は、実際に投資を意思決定し、現場をフォローする経営層の強い関与がなければ成功できません。

そのような問題意識から、筆者が多くの経営層にインタビュー調査を積み重ねた結果、人材教育やマーケティングの世界は、「教育成果への期待だけでなく潜在的な不安・不信感が存在する領域」という理解が得られました。

経営層の多くの本音を筆者なりの理解で要約すると、人材教育に関しては、投資を決めた初期は高い期待を持ちつつ、しかし徐々に成果が期待に達しないことやマンネリ感が生じ、不安と不信感が増える構図が多いと感じます。

マーケティングに関しては、「マーケティング力の強化が業績向上をもたらす」ということに頭では理解と期待がありつつも、一方でマーケティングの内容の理解がしにくい、自分が心から納得できる業績が上がる道筋が見えないままに巨額の投資を迫られる状況に

ストレスを感じている。そういった気持ちを多くの経営層が抱いています。

　人材教育もマーケティングに対しても、頭の中の論理的な理解では「投資すべきだ」と思いつつ、その成果や現状のサービスに対して潜在的な不安と不信感が根強く残っているという感覚でしょうか。その気持ちをひも解いてみると、次のような項目が挙げられると考えました。

人材教育投資に対する不安・不信感

- 教育の重要度が高いのはわかるし、一定の投資はするけれど、どこまで業績成果に結びついているのか？　短期回収は難しいのはわかるが、投資に対する経済的なリターンがよくわからない
- 教育機会を提供しても、元から学習意欲の高い上位1～2割の社員だけ頑張るだけで終わってしまい、新しい知識・スキルを得てほしい残り8割の社員は変わらないのでは？
- 社員に教育機会を提供したいが、業務を止めて売上が減ってしまう日をつくり、社員の移動コストもかけて一箇所に集める集合研修を実施するのは、労務管理としてもできれば避けたい（研修時間のしわ寄せをリカバリーするために、社員の労働時間を増やすのは現代では厳しい）

マーケティングに対する不安・不信感

- マーケティングは大事と頭ではわかりつつ、よくわからないブラックボックスで、本当に自社で業績が上がるのか信じきれない
- マーケティングは投資額が大きい割に、成果の幅が大きく、社員や外注先からの結果に対する説明力も低い。投資からリターンを得るプロセスが見えにくいので、経営視点からは最後のブラック

ボックスに見えていてストレスになっている

- マーケティングで業績を高められる腕と実績のあるハイレベルなプロ人材は存在するのかもしれないが、自社で高額な年収やフィーを支払い続ける負担は厳しい。マーケティングでレベルの高い人材の採用と育成は必要だが、目処が立たない

「マーケティング×人材教育」に対する不安・不信感

- 既存のマーケティング教育コンテンツでは、マーケティングの全体感と実践につながりそうなバランスの良いものが見当たらない
- 市場にある教育コンテンツは「アカデミックに寄っていて、うちの社員では理解と実践するのが難しそうなもの」と「特定の施策やツール活用に特化していて粒が細かすぎるもの」と「成功企業の派手な事例や最先端の戦略論ではあるが、自社に適用できなさそうなもの」が多いイメージで、どれも「帯に短したすきに長し」という印象を持っている

　筆者は、B to Bビジネスのコンサルティング経験もあり、相当数のインタビュー調査を経験してきましたが、改めて経営層からみた人材教育とマーケティングのソリューションは、一定の期待と満足を獲得しながらも、シビアな不満や不信感が残っていることを痛感しました。

　経営層の本音をいえば「一定の教育投資はせざるをえないからしているが、これで良いのかはわからない」、そんな不安な状態が長年にわたり常態化して、あきらめを感じている様子です。長年解消されていない負があるということは、普通に考えれば「解決が難しい難問」ということでもあります。

「マーケティング思考人材」の育成サイクル

■ マーケティング思考人材が成功した状態

マーケティング思考人材の育成が成功した状態を定義すると「社員の方々の学習がストレスなく続き、身につけた知識に基づいてチームで会話・判断されて、身につけたスキルを業務で実践し、売上・収益の向上を実現する」ということになります。

この目的とゴールに沿って、マーケティング思考人材の育成サイクルを描くと、図6のようになります。

■ 学習・議論・実践の3ステップは有効なのか

「学習〜議論〜実践」の3ステップのサイクルに独自性があるわけではありません。むしろ人材育成投資される立場の方からすると当たり前すぎる話で、論点はこの理想のサイクル自体の良し悪しではなく「これが本当にうまく機能して成果が出るのか?」という話です。

「業務で実践して業績向上」という話は、実現できれば非常にバラ色の未来に思えますが、実際の人材育成の現場では、育成対象メンバーの方々の学習が続くことすら難しい場合もあり、実践の前に最初の土台である学習の継続率を高めることも当初は四苦八苦していました。

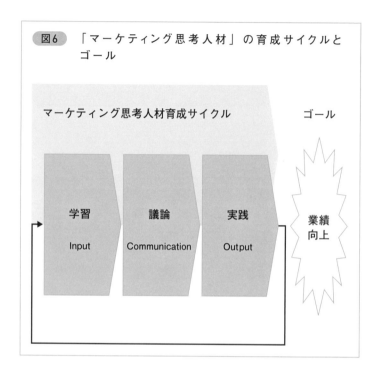

図6 「マーケティング思考人材」の育成サイクルと
ゴール

マーケティング思考人材育成サイクル　　　　ゴール

| 学習 | 議論 | 実践 | 業績向上 |
| Input | Communication | Output | |

　そのような厳しい現実からスタートし、**学習コンテンツやカスタ
マーサクセスのチームが素早い試行錯誤を2年ほど繰り返した結果、
学習の開始から3カ月を経ても平均の学習継続している方は80%を
超える水準**まで高まりました。

育成サイクルの方法論

　では、学習と議論と実践を繰り返す仕組みを、どのように考えて
つくり込んだかを説明していきます。

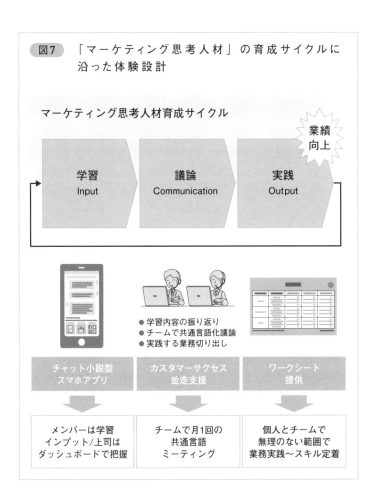

図7 「マーケティング思考人材」の育成サイクルに沿った体験設計

マーケティング思考人材育成サイクル

業績
向上

学習	議論	実践
Input	Communication	Output

● 学習内容の振り返り
● チームで共通言語化議論
● 実践する業務切り出し

チャット小説型スマホアプリ	カスタマーサクセス並走支援	ワークシート提供
メンバーは学習インプット/上司はダッシュボードで把握	チームで月1回の共通言語ミーティング	個人とチームで無理のない範囲で業務実践〜スキル定着

　図7はマーケティング思考人材の育成サイクルですが、先ほどの3つのステップを繰り返す方法として、改善を日々繰り返した結果、一定の確率で成果を生み出せる型ができつつあります。

学習

チャット小説型スマホアプリで、誰にでもわかりやすく隙間時間で容易に学習できるようにした結果、学習に苦手意識のあったメンバーでも抵抗なく学べるという声が増え、企業からは業務時間を止めずに教育ができるようになったという声が増えた。

また、**上司はダッシュボードで知識・スキルの学習進捗と理解度を把握**し、学習が止まった社員だけでなく、流し読みで学びが浅い社員もわかるようになり、早期のフォロー実施によって学習の離脱が減って継続率が高まった。

議論

カスタマーサクセスチームが、教育対象メンバーのチームと月1回のオンラインミーティングを実施し、振り返り、実践する業務の切り出しを実施することで、学んだ内容を議論し、業務で実践する確率が大きく高まった。

特に、**自分で実践する業務を考え切り出す行為の時間を取ることの有効性が高く、学んだ内容の実践につながる習慣のきっかけ**になった。

実践

学習した内容を実践する際に便利な**フレームワークと解説のワークシートを提供する**ことで、**個人とチームが無理のない範囲で業務を実践できる**ようになり、スキルの定着と、業績に転換されて成果が出る確率が高まった。

上記はたまたま私たちが現時点でたどりついた方法論ですが、学習の継続率を高める、議論の実施と業務での実践を補助する取り組みは、極めてパワフルで、皆さんも何かしら工夫いただくことで成

果につながるものだと思います。

　企業で出世された経営層は、その多くの方が自ら学習して実践する自律性を持っています。しかし、**そこまでの自律性は持たない8〜9割の方々も、きっかけと定着の仕組みがあれば、学び、実践する習慣が身につくことは私たちが把握している数字の改善で見えてきます。**また、獲得した知識・スキルを業務で実践すれば、業績向上につながるインパクトも出てくることが明白に増えます。

「マーケティング思考人材」
の育成の実践

フェーズ2の私たちの会社の実情

　ここまで、学ぶだけでなく「業務で実践して成果を上げる」こと
を重視した人材育成のノウハウを解説しました。とはいえ、これは
開発中のセオリーでもあり、今後まだブラッシュアップの余地があ
るものと考えています。もっと進化させていくことを目指しなが
ら、その際にはまた何らかの形で公表できればと思います。

　私たち自身、顧客理解と顧客価値を日々探索し、試行錯誤しなが
ら価値を磨き続けている企業のひとつです。本書の第4章でいう、
フェーズ2の渦中にあります。同じフェーズにある企業には、私た
ちの模索も役に立つかと思い、章をまたぐ形になりますが、本項の
最後に少し解説してみます。

　第4章において、フェーズ2では「商品・サービス（もしくは小
売店）における顧客の利用実態と評価のデータを取得し続け、商
品・サービスの改善を繰り返す『フィードバックループ』の確立」
が大事だと述べました。実際にグロースXでも、顧客行動などの
データはもちろん、顧客からの定量的・定性的な評価を非常に重視
して、日々サービスの調整と改善に努めています。それが競争力に
つながっている手応えもあります。
　特に私たちのサービスは、コロナ禍でe-ラーニングツールが改
めて注目された時期に立ち上がったことや、タクシーCMでスマホ

アプリの画面を中心に紹介していたことなどから「スマホで研修を実践するe-ラーニングツールですよね？」と聞かれることが多々あります。この問いに「そうです」と答えるのは、私たちが目指す「業務で実践して成果を上げる」という部分が伝わらないという実感はあったものの、初期のころはうまく言語化もできていませんでした。

事業が拡大するフェーズ3へ向けて

　サービスの顧客価値が何なのかをつかみ、言語化できるようになったのは、支援先企業で立場の異なるさまざまな方からの具体的なフィードバックによる部分が大きいです。たとえば**経営層の目線では、人材教育というより、適切なマーケティング業務を絶えず円滑に進められる業務支援の役割**があったと聞きました。

　人事部の目線では、人材育成の環境が充実したことによる離職率低下と採用コストの抑制を、また**事業部長やチームリーダーの目線では、共通言語ができて組織が活性化**したことを挙げてもらいました。ほかにもいくつかあり、私たちにとってはどれも発見でした。提供側の思い込みを捨てて、顧客がどう感じているか、何に価値を見いだしているかに耳を傾けることが、特にフェーズ2での成長に確実につながるのだと実感しています。

　フェーズ2にありがちな組織課題を抱えている状況でもありますが、その解消にもがきつつ、顧客の声を頼りにプロダクトを拡大している最中です。本書で解説したマーケティング人材育成のほかに、BtoBマーケティング、営業、AI・DX、人材採用、DE&I（ダイバーシティ：多様性、エクイティ：公平性、インクルージョン：包括性）といった育成テーマまで対応の幅を拡げています。

これらも、ベースは前述の「学習〜議論〜実践」を繰り返すサイクルと、学習カリキュラムを提供するアプリのフォーマットを踏襲しています。商材の数を増やすという点では、フェーズ3に足を踏み入れている段階ともいえます。

　今はまだ、経営層と現場が密接で、ほとんどリモートワークでもメンバー間の顔がよく見える関係で業務に取り組めていますが、やがて簡単には維持できなくなってくるかもしれません。

　これから組織が大きくなり、事業の幅も広がることで、私たちもまた次なる事業の課題とともに、人材育成や外部との連携の課題も抱えると思います。ただ、その解決に正面から向き合い、本書に記したことを進化させられたら、個人的にはそれもまた楽しみな気がしています。

▶ おわりに

人に向き合い、人が成長して
事業に還元されることへの挑戦

コロナ禍で実感した、強い企業の条件

2020年4月に、新型コロナウイルス感染症の拡大から日本国内でも緊急事態宣言が発令され、この3年弱の期間、企業人としても生活者としても、大変な局面を乗り越えられてきた方が少なくないと思います。筆者も自身が経営に関わる複数の企業や、コンサルティング支援を提供してきたクライアント企業において、こんなにも市場が急変したことは初めての経験でした。

オンライン主体の業態は比較的コロナ禍に適応しやすく、うまく切り抜けて成長した企業がありました。ただ、オフライン主体の業態がすべて業績を落としたわけではありません。企業によっては、オフラインのリアルな店舗というコロナ禍の影響を大きく受ける向かい風の業態でも、市場変化に適応することで業績を伸ばした企業も一部で存在します。

コロナ禍で改めて問われ、また実感したのは「市場・顧客の変化への適応」において、変化の方針を考える能力だけでは実効性が低いということでした。そして、その変化の方針を組織としてスピード感高く実行できる「マーケティングの基礎知識」の必要性と、本書でいう「マーケティング思考」が浸透した組織の強さでした。

リーダーが熱量高く旗を振って、新しい方針を指し示しても、実行するのは組織の現場です。正しい方針転換と、それを試行錯誤しながらも的確に実行できる組織。言葉にすると単純ですが、この2つがかみ合わないと事業の成果は出ません。市場の変化の激しい時代では、俊敏に動ける組織が重要なのだと改めて感じます。

┃「自己肯定感のある社会をつくる」

自らが上司の立場になると、誰もが「どうしたら部下たちが自発的に努力し、成長できるようになるのか？」という難易度の高い育成テーマに直面します。

筆者も、これまで縁あって少なくない人数の部下の育成や後輩のサポートに関与してきましたが、自分の力量も含めて、一筋縄でいかないことばかりでした。また、コンサルティングを担当した企業の内部でも、このような悩みを抱える上長の方に多く出会ってきました。

人は、それぞれ価値観もモチベーションの材料も違います。ただ、多様性はあれど、誰もが（といえるほど多くの割合の人が）、モチベーションの刺激材料として最も持続性が高く、カンフル剤としての刺激を強く得るのは「顧客から直接感謝され、評価される体験」だと感じています。

この喜びを経験した人は、顧客からのさらなる評価を求め、自発的に「顧客に喜んでいただくこと」を追求する努力をしはじめます。また、顧客のネガティブなフィードバックにも素直に向き合って受け止める勇気や、粘り強く改善する強さも出てきます。こうなれば、上司がすべき育成の仕事の8割は成功したといえます。

本業で少しずつ人材育成のテーマに触れることが多くなり、また本業から少し離れて個人のキャリア形成にも携わるなかで、次第に人材育成への関心が強くなっていきました。グロースXという会社を最初に知ったときも、特にミッションに強く共感したのを覚えています。そうして中に飛び込んでみて、メンバーの熱量を実感しているのがまさに今の状況です。

　グロースXの会社としてのタグライン（キャッチコピー）は「業績につながる人材育成サービス」であり、導入企業の業績向上につなげる経済的価値を磨く意識が強いのですが、同時に前述のような「顧客に喜んでいただき、顧客から高く評価される経験を持った人」を増やす支援にも社内のメンバーは大きな喜びを見いだしています。グロースX自身も、それぞれのメンバー達が顧客の成功に向き合い、それをモチベーションとする集団でありたいという思いを持っています。

　そしてミッションとして「自己肯定感のある社会をつくる」を掲げ、企業向け人材育成サービスを通じて、自己肯定感を高く持つ個人を増やすことも強く意識しています。
　当社のカスタマーサクセスチームは、実際に企業の現場でマーケティングを学び、その内容を業務で実践される方々にインタビューを行っています。その中である企業の20代の方がおっしゃった「今まで、12カ月も学習が続いてやりきれたことはなかったので、少し自分のことを好きになれました」というコメントは、ミッションに近づいている証に感じられ、社内が大いに勇気づけられました。

人の成長と事業成長の好循環を目指して

　筆者自身も、何者でもない若者だった時代に仕事を通じてマーケティングを学び、自分の仕事のキャリアが切り拓かれただけでなく、自己肯定感が高まることで幸福度も高くなった実感があります。

　筆者のキャリアは『マーケティングの仕事と年収のリアル』（ダイヤモンド社）のあとがきに詳しく書きましたので割愛しますが、学習と実践に基づく成果で獲得した自己肯定感は色あせないものという確信めいた思いが、ミッションを素直に追求する力にもなっています。

　個人としてのキャリアを思い描くように積み上げるのも容易ではありませんが、人に向き合い、人が成長して事業に還元されるような好循環を目指すのは、輪をかけて簡単なことではないと実感しています。本書を手に取られた方は、そんなハードルに果敢に挑む同志だと思っています。

　本書の内容をより生かしていただくために、読者特典として本書掲載の主要図版のPDFを用意しています。ほかにもこれまで蓄積した人材育成の方法論、ワークシートのサンプルなどもありますので、次のQRコードかURLからアクセスいただき、ぜひダウンロードしてお使いいただければと思います。

https://lp.grtx.jp/yamaguchi-book

本書は多くの方々の知恵の結晶

本書は便宜的な役割として私が執筆し、筆者として名前が出ていますが、多くの人々の知恵と経験とアドバイスに助けられた内容となり、とても自分ひとりの知恵とはいえないのが実態です。

本書の冒頭で筆者のキャリアに触れましたが、創業から13期目を迎えるインサイトフォースのクライアント企業を中心に、これまでコンサルティングを担った数多くの企業の方々、また同社のメンバーとの仕事から生まれた気づきも本書には多分に含まれています。改めて感謝を申し上げたいと思います。

そして、わずか数年ながら、グロース X に参画したことで得られた知見と筆者自身が受けた衝撃に本書は根ざしています。もともと、マーケターや広くビジネスパーソン個人のキャリア育成と成長支援には取り組んでいましたが、組織的な人材教育の領域に初めて足を踏み入れたことで、筆者自身も多くの学びを得たと思っています。

グロース X のサービスを導入いただいた企業の方々との経験、社内メンバーとのスピード感ある仕事から得られた知見。特に経営陣やアドバイザーの存在は大きく、社長の津下本耕太郎さん、取締役の西井敏恭さんと社外取締役の西口一希さん、戦略アドバイザーである田岡敬さんとの会話には常に新しい発見がありました。自身の思考を深められ、結果として自分だけでは到底気づけなかったような内容を本書に盛り込むことができたと考えています。

グロース X を通してかかわらせていただいた企業の方々と、社内のメンバーに、感謝を申し上げます。

また、本書の執筆を持ちかけてくださった翔泳社の編集者である渡辺康治さん、ライターの高島知子さんには、筆がなかなか進まな

い私を辛抱強く待っていただきつつ、常に読者目線の的確なフィードバックで本書のレベルを大きく引き上げていただきました。本書の制作は、本当にチームに恵まれた環境でした。そして、書籍執筆の時間確保のためにさまざまな影響を受けながらも支えてくれた家族の妻と息子にも、感謝を伝えたいと思います。

　最後になりますが、本書が事業成長やマーケティングの羅針盤のひとつとして、手に取ってくださった読者の皆さまのお役に立てたなら、筆者としてはこれ以上の喜びはありません。改めて深くお礼を申し上げます。

追伸
よろしければ、Twitter のハッシュタグ #マーケティング思考 で感想投稿をお寄せください。必ず拝見し、今後の参考とさせていただきます。
＊私の Twitter ID は @blogucci です。ご興味を持っていただけましたらぜひフォローしてください。

2022年12月16日

山口 義宏
株式会社グロース X 取締役COO
インサイトフォース株式会社 取締役

本書に関するお問い合わせ

このたびは翔泳社の書籍をお買い上げいただき、誠にありがとうございます。弊社では、読者の皆様からのお問い合わせに適切に対応させていただくため、以下のガイドラインへのご協力をお願いいたしております。下記項目をお読みいただき、手順に従ってお問い合わせください。

●ご質問される前に

弊社Webサイトの「正誤表」をご参照ください。これまでに判明した正誤や追加情報を掲載しています。

正誤表　https://www.shoeisha.co.jp/book/errata/

●ご質問方法

弊社Webサイトの「刊行物Q&A」をご利用ください。

刊行物Q&A　https://www.shoeisha.co.jp/book/qa/

インターネットをご利用でない場合は、FAXまたは郵便にて、下記"翔泳社 愛読者サービスセンター"までお問い合わせください。電話でのご質問は、お受けしておりません。

●回答について

回答は、ご質問いただいた手段によってご返事申し上げます。ご質問の内容によっては、回答に数日ないしはそれ以上の期間を要する場合があります。

●ご質問に際してのご注意

本書の対象を超えるもの、記述箇所を特定されないもの、また読者固有の環境に起因するご質問等にはお答えできませんので、あらかじめご了承ください。

●郵便物送付先およびFAX番号

送付先住所　〒160-0006 東京都新宿区舟町5
FAX番号　　03-5362-3818
宛先　　　　（株）翔泳社 愛読者サービスセンター

※本書に記載されたURL等は予告なく変更される場合があります。
※本書の出版にあたっては正確な記述につとめましたが、著者や出版社などのいずれも、本書の内容に対してなんらかの保証をするものではなく、内容やサンプルに基づくいかなる運用結果に関してもいっさいの責任を負いません。
※本書に記載されている会社名、製品名はそれぞれ各社の商標および登録商標です。
※本書に記載されている情報は2022年12月執筆時点のものです。

読者特典データのご案内

本書の読者特典として本書内で掲載している図版データなどの PDF ファイルをご提供いたします。
次のサイトからダウンロードして入手してください。

https://lp.grtx.jp/yamaguchi-book

●注意
※読者特典データに関する権利は著者が所有しています。許可なく配布したり、
　Web サイトに転載することはできません。
※読者特典データの提供は予告なく終了することがあります。あらかじめご了承く
　ださい。

●免責事項
※読者特典データの記載内容は、2022 年 12 月現在の法令等に基づいています。
※読者特典データに記載された URL 等は予告なく変更される場合があります。
※読者特典データの提供にあたっては正確な記述につとめましたが、著者や出版社
　などのいずれも、その内容に対してなんらかの保証をするものではなく、内容や
　サンプルに基づくいかなる運用結果に関してもいっさいの責任を負いません。

▶ 著者略歴

山口義宏
（やまぐち・よしひろ）

株式会社グロースX 取締役COO／インサイトフォース株式会社 取締役
1978年、東京都生まれ。ソニー子会社で戦略コンサルティング事業の事業部長、リンクアンドモチベーションでブランドコンサルティングのデリバリー統括などを経て、2010年に企業のブランド・マーケティング領域特化の戦略コンサルティングファームのインサイトフォースを設立。B to C〜B to B問わず企業／事業／商品・サービスレベルのブランド〜マーケティング戦略の策定、CI、マーケティング4P施策の実行支援、マーケティング組織開発およびマーケティングスタッフの育成を主業務とし、これまで100社を超える戦略コンサルティングに従事。2021年より株主および戦略アドバイザーとしてグロースXに参画。2022年6月、同社取締役COOに就任。著書に『マーケティングの仕事と年収のリアル』（ダイヤモンド社）、『デジタル時代の基礎知識『ブランディング』』（翔泳社）など。
Twitter ID：@blogucci

装丁	植竹裕（UeDESIGN）
DTP	株式会社 シンクス
編集協力	高島知子

マーケティング思考

業績を伸ばし続けるチームが本当にやっていること

2023 年 2 月 6 日　初版第 1 刷発行
2023 年 5 月 10 日　初版第 4 刷発行

著者	山口 義宏
発行人	佐々木 幹夫
発行所	株式会社 翔泳社（https://www.shoeisha.co.jp/）
印刷・製本	株式会社 ワコープラネット

ISBN978-4-7981-6565-3　　　　　　　　　　　　　　　　Printed in Japan